全国高等学校外语教师丛书·课堂

U0615371

陈则航　邹　敏　著

英语阅读教学活动设计

Designing Classroom Activities
for English Reading

外语教学与研究出版社
FOREIGN LANGUAGE TEACHING AND RESEARCH PRESS
北京 BEIJING

图书在版编目（CIP）数据

英语阅读教学活动设计／陈则航，邹敏著．—— 北京 ：外语教学与研究出版社，2022.9（2024.10 重印）
（全国高等学校外语教师丛书．课堂活动系列）
ISBN 978-7-5213-3966-6

Ⅰ. ①英… Ⅱ. ①陈… ②邹… Ⅲ. ①英语－阅读教学－教学设计－研究－高等学校
Ⅳ. ①H319.37

中国版本图书馆 CIP 数据核字（2022）第 170595 号

出 版 人　王　芳
项目负责　李晓雨
责任编辑　毕　争
责任校对　陈　阳
封面设计　覃一彪
版式设计　吴德胜
出版发行　外语教学与研究出版社
社　　址　北京市西三环北路 19 号（100089）
网　　址　https://www.fltrp.com
印　　刷　北京九州迅驰传媒文化有限公司
开　　本　650×980　1/16
印　　张　13
版　　次　2022 年 11 月第 1 版 2024 年 10 月第 7 次印刷
书　　号　ISBN 978-7-5213-3966-6
定　　价　55.90 元

如有图书采购需求，图书内容或印刷装订等问题，侵权、盗版书籍等线索，请拨打以下电话或关注官方服务号：
客服电话：400 898 7008
官方服务号：微信搜索并关注公众号"外研社官方服务号"
外研社购书网址：https://fltrp.tmall.com

物料号：339660001

目　录

第一部分　阅读教学过程与测评

第二部分　阅读教学与思维培养

第三部分　英语阅读教学案例

总　序

　　"全国高等学校外语教师丛书"是外语教学与研究出版社高等英语教育出版分社近期精心策划、隆重推出的系列丛书，包含理论指导、科研方法和教学研究三个子系列。本套丛书既包括学界专家精心挑选的国外引进著作，又有特邀国内学者执笔完成的"命题作文"。作为开放的系列丛书，该丛书还将根据外语教学与科研的发展不断增加新的专题，以便教师研修与提高。

　　编者有幸参与了这套系列丛书的策划工作。在策划过程中，我们分析了高校英语教师面临的困难与挑战，考察了一线教师的需求，最终确立这套丛书选题的指导思想为：想外语教师所想，急外语教师所急，顺应广大教师的发展需求；确立这套丛书的写作特色为：突出科学性、可读性和操作性，做到举重若轻、条理清晰、例证丰富、深入浅出。

　　第一个子系列是"理论指导"。该系列力图为教师提供某学科或某领域的研究概貌，期盼读者能用较短的时间了解某领域的核心知识点与前沿研究课题。以《二语习得重点问题研究》一书为例，该书不求面面俱到，只求抓住二语习得研究领域中的热点、要点和富有争议的问题，动态展开叙述。每一章的写作以不同意见的争辩为出发点，对取向相左的理论、实证研究结果差异进行分析、梳理和评述，最后介绍或者展望国内外的最新发展趋势。全书阐述清晰，深入浅出，易读易懂。再比如《认知语言学与二语教学》一书，全书分为理论篇、教学篇与研究篇三个部分。理论篇阐述认知语言学视角下的语言观、教学观与学习观，以及与二语教学相关的认知语言学中的主要概念与理论；教学篇选用认知语言学领域比较成熟的理论，探讨应用到中国英语教学实践的可能性；研究篇包括国内外将认知语言学理论应用到教学实践中的研究综述、研究方法介绍以及对未来研究的展望。

　　第二个子系列是"科研方法"。该系列介绍了多种研究方法，通常是一本书介绍一种方法，例如问卷调查、个案研究、行动研究、有声思维、语料库研究、微变化研究和启动研究等。也有的书涉及多种方法，综合描述量化研究或者质化研究，例如：《应用语言学中的质性研究与分析》《应用语言学中的量化研究与分析》和《第二语言研究中的数据收集方法》等。凡入选本系列丛书的著作人，无论是国外著者还是国内著者，均有高度的读者意识，乐于为一线教师开展教学科研服务，力求做到帮助读者"排忧解难"。例如，澳大利亚安妮·伯恩斯（Anne Burns）教授撰写的《英语教学中的行动研究方法》一书，从一线教师的视角，讨论行动研究的各个环节，每章均有"反思时刻""行动时刻"等新颖形式设计。同时，全书运用了丰富例证来解释理论概念，便于读者理解、思考和消化所读内容。凡是应邀撰写研究方法系列的中国著作人均有博士学位，并对自己阐述的研究方法有着丰富的实践经验。他们有的运用了书中的研究方法完成了硕士、博士论文，有的采用书中的研究方法从事过重大科研项目。以秦晓晴教授撰写的《外语教学问卷调查法》一书为例，该书著者将系统性与实用性有机结合，根据实施问卷调查法的流程，系统地介绍了问卷调查研究中问题的提出、问卷项目设计、问卷试测、问卷实施、问卷整理及数据准备、问卷评价以及问卷数据汇总及统计分析方法选择等环节。书中各个环节的描述都配有易于理解的研究实例。

第三个子系列是"教学研究"。该系列与前两个系列相比，有两点显著不同：第一，本系列侧重同步培养教师的教学能力与教学研究能力；第二，本系列所有著作的撰稿人主要为中国学者。有些著者虽然目前在海外工作和生活，但他们出国前曾在国内高校任教，也经常回国参与国内的教学与研究工作。本系列包括《英语听力教学与研究》《英语写作教学与研究》《英语阅读教学与研究》《英语口语教学与研究》《翻译教学与研究》等。以《英语听力教学与研究》一书为例，著者王艳副教授拥有十多年的听力教学经验，同时听力教学研究又是她博士论文的选题领域。《英语听力教学与研究》一书，浓缩了她多年来听力教学与听力教学研究的宝贵经验。全书分为两部分：教学篇与研究篇。教学篇中涉及了听力教学的各个重要环节以及学生在听力学习中可能碰到的困难与应对的办法，所选用的案例均来自著者课堂教学的真实活动。研究篇中既有著者的听力教学研究案例，也有著者从国内外文献中筛选出的符合中国国情的听力教学研究案例，综合在一起加以分析阐述。

　　第四个子系列是"课堂活动"。该系列汇集了各分册作者多年来的一线教学经验，旨在为教师提供具体、真实、具有较高借鉴价值的课堂活动案例，提高教师的课堂教学能力。该系列图书包括《英语阅读教学活动设计》《英语听力课堂活动设计》《英语合作式学习活动》等。以《英语阅读教学活动设计》一书为例，阅读教学是学生学习语言知识和教师培养学生思维的重要途径和载体，该书第一作者陈则航教授多年来致力于英语阅读教学研究，希望通过该书与读者分享如何进行具体的阅读教学活动设计，探讨如何在课堂教学中落实阅读教学理念。该书包括三个部分。第一部分介绍在阅读前、阅读中和阅读后这三个不同阶段教师可以设计的阅读教学活动，并且介绍了阅读测评的目的、原则和方式。第二部分探讨了如何通过阅读教学促进学生思维发展。第三部分展示了教师在阅读课堂中的真实教学案例，并对其进行了分析与点评，以期为改进阅读教学活动设计提供启示。

　　教育大计，教师为本。"全国高等学校外语教师丛书"内容全面，出版及时，必将成为高校教师提升自我教学能力、研究能力与合作能力的良师益友。编者相信本套丛书的出版对高校外语教师个人专业能力的提高，对教师队伍整体素质的提高，必将起到积极的推动作用。

文秋芳

北京外国语大学中国外语与教育研究中心

2011 年 7 月 3 日

前　言

　　继 2016 年出版了《英语阅读教学与研究》一书后，外语教学与研究出版社又提出了《英语阅读教学活动设计》一书的选题，旨在与读者分享具体的阅读教学活动设计原则与方案，探讨如何在课堂教学中落实阅读教学理念。我们在接到这一"命题作文"之后，觉得选题特别有意义，但是挑战也很大。在写作过程中，我们认为本书的内容不应过于局限。随着素养本位教学时代的到来，在英语课堂中培养学生的思维品质迫在眉睫。作为英语教学的重要组成部分，阅读教学是学生学习语言知识和教师培养学生思维的重要途径和载体。然而，许多教师缺乏在阅读教学中培养学生思维品质的知识和技能，许多英语课堂还是教语言知识和文本内容，忽视了思维品质的培养。因此，在介绍读前、读中、读后三个阶段的一般阅读教学活动设计的基础上，我们还介绍了如何设计阅读中的思维培养活动，并分享了完整的教学案例。我们希望，这样的调整可以更好地解决教师在教学中遇到的困惑。

　　本书分为三个部分。第一部分主要从读前、读中、读后三个阶段，结合阅读过程涉及的三个方面，即获取信息、理解意义、评价与反思，介绍各种阅读教学活动。教师可以通过灵活组合，引导学生从一个或多个语篇中获取信息并对信息进行甄别、分析、评价、筛选、综合，从而培养学生的理解能力与判断能力，以及有效利用这些信息的能力。第一部分还介绍了阅读测评相关内容，因为教学和测评是共同作用来推动学习发生的。测评不能简单地被理解为考试和分数。好的测评可以促进学习，也可以是学习的一种有效方式。许多阅读活动也是测评的一种方式，比如回答阅读问题、理解文本大意、推断词义、分析文本结构等。这些活动其实就是在检测阅读和教学的效果。这种测评是促进学习的测评（assessment for learning）和作为学习的测评（assessment as learning），是阅读教学不可分割的一部分。因此，教师要充分重视阅读测评活动的设计。本部分内容可为教师提供一定的借鉴。

第二部分重点关注阅读教学中的思维培养。培养思维能力、提升思维品质是教育的重要目标。随着英语学科核心素养及新文科建设的全面推进，英语教学越来越重视思维的培养，为思而教、学思结合已成为英语教育的重要价值取向和培养高素质外语人才的重要举措。而阅读是人们获取信息、认识世界、发展思维的重要途径。阅读是从书面文字中建构意义的心理活动，阅读的过程就是意义建构的过程。读者在阅读过程中不是消极地去"看"书，而是积极思考，他们所读到的意义是自身的经验、感受和文字共同作用的产物。在与文本对话、深入思考、领略语言魅力的过程中，他们的逻辑思维、形象思维等均能获得发展。本部分从提问、活动设计和教学模式三个方面探讨如何利用阅读教学促进学生的思维发展。

第三部分为读者提供了五个完整的教学案例。结合具体的语篇和教学情境，这部分试图将前两个部分的内容进行整合，通过案例呈现教师在课堂中的具体操作方法，从多个角度探讨课堂阅读教学的有效方式。

最后，特别感谢重庆大学外国语学院李晓辉老师为本书的教学案例提供课件和教案等资料。衷心感谢外语教学与研究出版社高等英语教育出版分社社长李会钦女士、学术出版部段长城女士的关心和支持。陈阳和李晓雨两位编辑为书稿的编校付出了辛勤劳动，在此一并表示诚挚的感谢。最后还要特别感谢我们的家人在著书期间给予的无条件支持。书中不当之处，恳请读者批评指正。

陈则航　邹敏

2022 年 4 月

第一部分

阅读教学过程与测评

阅读是人们获取信息、认识世界、发展思维的重要途径，也是提高国民文化知识水平，提升国家竞争力的重要基础（OECD，2019；王蔷、敖娜仁图雅，2015）。阅读是教育教学的重要方面，是人一生中需要持续建构的一种综合能力（OECD，2019）。阅读既是读者解码和处理文本信息、积极与文本互动的认知过程，也是受到各种因素影响的社会语言学过程（Weaver，2009）。因此，阅读是十分复杂的社会、心理、认知活动，涉及识别能力、理解能力、推断能力、批判与评价能力等，受到阅读材料、阅读目的、读者语言能力和情境等因素的影响（Grabe & Stoller，2019；Weaver，2009；曾用强，2017）。

国际学生评估项目（Programme for International Student Assessment，简称PISA）（OECD，2019）指出，教育早已不把获取信息和记忆信息作为主要目标，而是致力于教会学生用获取的信息去解决复杂问题，甚至去创造新知识（Binkley et al.，2012）。因此，阅读能力包含从各种语篇中检索、选择、理解、融合和评价信息的能力。过去，对阅读能力的评价更多的是根据学生对单个语篇的理解。现在，随着技术的发展，信息传播的渠道也发生了极大的变化，仅仅具有阅读和理解单个语篇的能力已经无法适应时代的发展。学生需要能从相关的多个语篇中获取信息并对这些信息进行甄别、分析、评价、筛选、综合，从而形成自己的判断，并对这些信息加以有效利用，这才是适应 21 世纪社会生活的阅读能力（OECD，2013）。

基于认知的阅读理论强调阅读理解的本质是建构（Binkley et al.，1997；Kintsch，1998；McNamara & Magliano，2009；Oakhill et al.，2003；RAND Reading Study Group & Snow，2002；Zwaan & Singer，2003），阅读的过程就是建构意义的过程，也是读者与文本互动的过程。读者在阅读的过程中，利用自己已有的知识经验，结合文本中的社会文化线索和信息，建构出文本意义和自己的理解。在意义建构的过程中，读者会不断对自己从文本中获取的信息进行加工，包括分析作者的意图和观点，评价信息的可信度，与自己原有的知识经验进行关联等，从而不断更新自己的知识和经验储备以及对世界和事物的认知等（OECD，2019）。根据读者与文本的互动程度（即认知要求），文本处理大致包括三个层次（OECD，2019：33）：信息定位（locate information）、文本理解（understand）、评价与反思（evaluate and reflect）。也有学者认为，阅读理解可大致分为三个层次：表层意义理解（basic comprehension/ literal comprehension）、推断性理解（inferential comprehension）、评价性理解（evaluative comprehension/critical comprehension）（Herber，1970；Leu & Kinzer，1999；Vacca *et al.*，2008）。尽管阅读理解水平可分为这三个层次，但是不同层次的难度之间并不是简单的线性递增关系（如 Basaraba *et al.*，2013；Vacca *et al.*，2015）。在阅读教学中，教师可以灵活组合不同层次的活动，循环推进阅读理解，使学生能够全面、综合地理解文本。同时，Duke & Pearson（2008）提出阅读教学要注意平衡各个级别的能力目标，关注阅读过程。因此，我们将上述两种分类方式结合，将不同层次的阅读理解融入阅读过程中，从以下三个方面对阅读过程和阅读理解展开论述。

1. 获取信息

（1）检索和提取文本信息

学生根据阅读任务的需要，进行快速、有效的定位，检索到相关信息。

（2）评估并选择相关信息

学生在检索到的多重信息中，对信息的相关度进行评估，决定哪些信息高度相关，需要保留，哪些是无关信息，需要跳过等，从而选择最重要、最相关、最准确的信息。

2. 理解意义

理解文本的意义，其实就是要求学生结合自己的知识结构，联系阅读材料中提供的不同信息，对信息进行加工处理，从而得出对文本信息的正确理解和解释。根据理解层次的不同，我们将之分为表层意义理解和推断性理解。

（1）表层意义理解

表层意义理解，即学生运用已有的词汇知识、语法知识、语篇知识等从所读材料中提取客观事实类的信息（Carnine *et al.*，2009；Lapp *et al.*，2006；McCormick，1992）。它强调学生对词汇意义的准确理解（Perfetti *et al.*，2005），属于阅读理解中的初级理解水平。值得注意的是，学生对单词的加工处理能力只是表层意义理解的前提（NRC，1998）。表层意义理解通常包含两个分项技能：回忆（recall）和识别（recognition）（Rupley *et al.*，2009）。学生只能记住文中的某个事实并不能称为表层意义理解，他们必须能回忆或者辨认出文本中的某些信息。表层意义理解仅仅要求学生提取文本中的某些信息，对学生的认知要求较低，是学生进行高认知水平活动的基础。

（2）推断性理解

推断性理解主要是指学生根据字里行间所暗示的逻辑关系或者相关背景知识，合理地推断出作者的写作意图、态度、主题思想等文中没有明确提到的内容，如通过一个具体的行为去推断文中人物的动机、推断文本的题目等（Applegate *et al.*，2002；Rupley *et al.*，2009；Vacca *et al.*，2008）。影响推断性理解水平的因素很多，包括大脑对信息的存储和加工能力、阅读策略、理解阅读任务的准确度、与话题相关的背景知识、心理状态等（Basaraba *et al.*，2013；Oakhill *et al.*，2005；van den Broek *et al.*，2001）。与表层意义理解不同，推断性理解强调学生与文本进行互动，在字里行间中发现作者的真实意图，推测文本的写作情境，从而理解文本内容（Carnine *et al.*，2009；Perfetti，2000）。在这个过程中，学生需要进行不同类型的推断性理解。例如，基于文本的推断性理解，要求学生根据文本中的语篇连贯特征展开推断，准确而深入地理解文本内容（Basaraba *et al.*，2013；Perfetti，2000；Perfetti *et al.*，2005）；基于知识的推断性理解，则强调学生运用背景知识去理解文中人物与事件之间的关系（Basaraba *et al.*，2013；Kintsch & Rawson，2005；Oakhill & Cain，2007）。

3. 评价与反思

（1）评价信息的质量与可信度

学生需要评价从文本中获取的信息是否客观、公正、可信，是否准确、有依据，等等。

（2）反思所读内容与写作手法

学生要对所读内容的质量和写作手法形成自己的思考与判断，要根据文本内容和表现手法，判断作者的写作意图和观点，并将这些与自己已有的认知、态度和观点相结合，从而判断该文本内容的质量和写作手法的适切度等。

（3）发现并解决矛盾点

学生在读单个文本时，可以评估内容之间的逻辑性，从而发现信息之间的矛盾点，比如人物性格描写和该人物的具体行为是否一致，故事情节发展是否有不合理的地方等，学生可以针对这些矛盾点提出解决策略，在这个过程中学生对文本的理解才能够更加深入。学生在读多个文本时，可能也会发现文本内容之间存在矛盾的地方，这就要求学生能够对比和判断各文本信息，从而决定哪些信息可信，哪些信息不可信，有效地整合多个文本信息，解决发现的矛盾点。

评价与反思是指学生对文本进行批判性阅读，与自己原有的知识、想法和经验相联系，对文本内容和思想的真实性、正确性按照自己的价值标准进行评估，做出自己的评价，同时评价文本中提出的观点，客观反思文本的适用性以及结构、风格等基本特征，评判文本材料的逻辑组织方式等。这是阅读理解中最复杂的部分，要求学生在理解文本字面含义的基础上，对作者意图、各事物间的关系做出推断，还要求学生超越文本本身，根据已有的知识经验对文本中的信息进行分析和评价（Herber，1970；McCormick，1992；Rupley *et al.*，2009）。评价与反思需要学生运用一系列高层次思维，如发散思维、思辨能力等对文本进行深入理解（Vacca *et al.*，2008）。

如前所述，阅读理解的三个层次并不是线性递增的关系，教师在阅读教学中需要根据文本难易程度、学情等情况，灵活地、整合地来设计阅读层次，比如，获取信息之后也可以先让学生对其进行评价，使得阅读过程能够更好地支撑学生阅读能力的发展。除了阅读层次，学者对阅读过程也展开了深入研究，提出了以下三种主要的阅读教学模式：

1."自下而上"阅读模式

"自下而上"阅读模式（Gough，1972）主张阅读理解是学生在理解了单个单词、短语、句子的意思后才能产生的。阅读过程就是从对最基础的字母和单词的理解开始，逐步上升到对语篇的理解。这是因为对文字的辨认（低层次）往往先于认知层面的理解（高层次），作者通过文字所表达的内容比学生能够理解的要多，因为学生一直要努力读懂文本的意思，所以他们处于被动的位置（Harris & Sipay，1990）。这一模式认为学生在阅读时，要先理解单个词义，再理解词组、句子乃至整句话的意思。这个过程是从理解最小意义单元到获取整个语篇意义的过程。因此，在实际教学中，教师往往先教生词和新的句子结构，然后再带着学生一句一句、一段一段地阅读，为学生讲解文本内容。

2. "自上而下" 阅读模式

"自上而下"阅读模式（Goodman，1971；Smith，1979）和"自下而上"阅读模式的主张正好相反。Stanovich（1980）认为在阅读过程中，学生不断地对将要阅读的内容进行猜测并验证猜测，这时学生自身具备的背景知识比新单词和新句型更为重要。在阅读过程中，学生处于积极的位置，利用自身已有知识对所读内容的意思不断进行推测，他们带入的信息远比文本本身的信息要丰富得多（Harris & Sipay，1990）。但是，一旦他们不了解所读文本涉及的话题或对其了解得很少，那么阅读理解就会比较困难。而有时候，他们读到的一些内容中虽然有不少生词，但因为他们对该话题比较熟悉，所以完全可以猜测出这些词的意思，从而实现对所读内容的理解。因此，在实际教学中，教师非常注重激活或补充学生的背景知识。

3. 交互式阅读模式

交互式阅读模式（Rumelhart，1977）结合了"自下而上"阅读模式和"自上而下"阅读模式的一部分特点，使它们相互结合，更好地为阅读理解服务。该模式认为，仅仅有单一的语言知识不能促成对阅读材料的真正理解。学生的大脑接收了文字符号并对其进行意义的解读，这个过程不仅需要学生具备良好的语言功底，包括对文字和句子的理解，还需要学生具备一定的背景知识，并能够利用这些知识帮助自己解读文本的意义。这个过程是学生与文本互动的过程，学生利用语言知识和背景知识对文本进行解读，将新信息和旧知识建立联系并构建新的知识体系。这个过程既包括对单词、句子的理解，也包括从自身经验出发对文本进行的解读，在"自下而上"阅读模式和"自上而下"阅读模式的共同作用下，学生才能更好地进行阅读理解。相比较而言，交互式阅读模式是对"自下而上"和"自上而下"两种模式缺陷的填补，似乎更符合阅读过程的特点，既不过分强调对文本中词句的分析，也不过分强调已有知识体系的作用，而是两者交互的过程，二者有机结合。

当前，阅读教学最主要的方法是 PWP 阅读教学方法，即教师将阅读分为读前（pre-reading）、读中（while-reading）、读后（post-reading）三个阶段来教。

读前阶段活动的主要目的是激活学生的已有知识，为他们即将阅读的内容做铺垫，或是对即将阅读的内容进行预测。读前阶段也叫导入阶段。在这个阶段，学生不仅可以从语言、内容、心理上对将要阅读的文本做好准备，而且可以对该文本产生期待和阅读兴趣。读前阶段的常见活动有对文本内容的预测、激活背景知识、快速阅读等。读中阶段活动的主要目的是帮助学生理解所阅读的内容并对所获得的信息进行加工处理。在这一阶段，学生需要获取信息并理解所读内容，从而对所读内容进行评价与反思。读后阶段活动的主要目的是让学生将所读内容与自己已知的内容或自身的感受建立联系，并在此基础上用所学语言或内容阐述自己的观点或表达情感。读后阶段的活动设计对教师来说是一个很大的挑战，需要教师充分发挥自己的想象力和创造力来设计出有效的活动，使之既能与所学内容相联系，又适合学生的语言水平，使其能够运用和迁移所学内容。

PWP 阅读教学方法是"交互式阅读模式"的体现，即在读前阶段充分调动学生已有的经验和知识，在读中阶段不断与文本互动，同时激发学生与学生之间的互动，在读后阶段对重要的语言现象进行梳理和学习。这一教学方法已在阅读教学中得到广泛认可和普遍应用。如果将其与阅读理解的三个层次（获取信息、理解意义、评价与反思）相联系（OECD，2019：33），前两个阅读理解层次更适用于读中阶段，第三个阅读理解层次更多集中在读后阶段，同时在读中阶段也会有所涉及。读前活动则主要是激活已有知识，为获取信息、理解意义、评价与反思做好铺垫。结合阅读的过程以及阅读理解的三个层次，我们将在接下来的第一至三章详细阐述读前活动、读中活动和读后活动。

第一章　读前活动

读前活动，又被称做提高学习者能力的活动（enabling activities）（Tudor，1989），在阅读教学中扮演着十分重要的角色。它可以激活学生已有的相关知识，为后续阅读提供必要的语言准备和背景知识，激发学生的阅读兴趣，帮助学生确定具体的阅读目标并鼓励其自主学习探索（Alemi & Ebadi，2010；Anderson，2004；Chastain，1988；Williams，1987；王蔷，2006）。如前所述，教师设计读前阶段活动的主要目的是激活学生的已有知识，为他们即将阅读的内容做好铺垫。常见的读前活动有预测、激活背景知识、快速阅读等。

Anderson（2004）总结了自己多年的教学实践和研究成果，提出在阅读中激活已有知识是第一步。学生的已有知识包括其生活经验、语言知识、文化知识、话题知识等许多方面，也称为图式（schema）。图式理论（schema theory）认为，语篇的意义取决于读者对语篇的解读，这种解读并非被动地找"答案"，而是主动地"猜测"，充分利用已有知识经验去解读文字的意义，因而面对同样的语篇，每个读者可能会读出不同的意义（李力，2011）。许多研究表明，在读前阶段激活恰当的图式对阅读有很大的帮助。激活背景知识的方法可以是多种多样的，比如，教师可以引导学生根据阅读题目、文本主题、文中相关图片等信息说出自己已知的相关背景知识，还可以组织学生就文本的文化背景、话题等展开讨论，为阅读做好铺垫。此外，教师还可以引导学生围绕阅读主题进行预测。预测可以基于题目、词汇或问题展开。无论预测的内容是否会出现在阅读文本中，预测都可以为学生的阅读理解打好基础。根据图式理论，学者们目前提出了几个比较常用的读前活动模型：

1. 经历—文本—联系模式（the experience-text-relationship method，简称 ETR 模式）（Au，1979）；

2. 读前计划（pre-reading plan）（Langer，1981）；

3. 基于图式理论的读前任务/策略（schema-theory-based pre-reading tasks/strategies）（Auerbach & Paxton，1997）。

根据 Au（1979）提出的 ETR 模式，在阅读文本前，学生需要根据文本主题描述自己的相关经历或已有知识。然后，教师将文本分成数个较短的部分供学生阅读，并就每个部分的内容进行提问。最后，教师帮助学生找出个人经历、已有知识和文本内容之间的联系。通过这种方式，学生有机会将自己的个人经历和已有知识与文本内容进行比较，使新的信息顺利地融入已有的认知图式中，补充、完善已有图式。在这个过程中，教师不用为学生提供太多的信息。教师的职责在于引导学生去思考、修正自己的回答，从而使读前准备活动变成学生自主发现和知识整合的过程。

与 ETR 相似，Langer（1981）的读前计划主要以讨论的方式让学生和教师确定此次阅读活动所需要的信息和词汇。读前准备活动由三个部分组成。首先，教师在课堂上引入一个关键词、概念或者图片来组织学生讨论。教师鼓励学生说出看到这个关键词、概念或图片时首先想到的信息，并将这些信息写在黑板上，让所有学生都能看到这些信息。然后，教师就学生提供的信息进行提问，如 "What made you think of ...?" 等。在师生、生生互动的过程中，学生有机会聆听多方观点，并选择是接受他人的信息，还是拒绝他人的信息，或是修正自己原有的信息和想法，从而使原有的图式内容更加准确。最后，学生口头描述自己经过讨论后对这个关键词、概念或者图片的理解，并描述自己在讨论过程中的认知变化。这样，学生可以将原有的话题背景知识与阅读文本中的语言和内容建立恰当的联系，从而更好地理解文本。

Auerbach & Paxton（1997：259）提出了一系列基于图式理论的读前任务或策略，如回顾与文本主题相关的知识、激活已有经验、就文本标题提问、梳理语义图、做出预测等。

读前活动的投入产出比很高，绝大多数读前活动所占用的课堂时间并不太多，有的读前活动也可以在课前完成，但是好的读前活动带给学生的感受超乎教师的想象。以下，我们将集中讨论阅读课堂中经常使用的三种读前活动：背景准备类活动、兴趣激发类活动及预测联想类活动。

1.1 背景准备类活动

背景知识对学生的阅读理解至关重要（Elbro & Buch-Iversen，2013）。本节我们为教师介绍以下几种活动，这些活动可以激活学生的相关背景知识，让学生能够在读前从语言和话题等相关知识方面做好准备。

1."已知—想知—已学"活动（KWL[1] chart）

"已知—想知—已学"活动（KWL chart），即 KWL 表格，是 Ogle 在 1986 年提出的一种阅读引导策略，主要包含三个步骤：

第一，在阅读前，让学生思考并记录"关于这个主题，我已经知道了什么（what I know）"，以此激活学生已有的背景知识。第二，在学生列出他们已有的相关知识以后，让学生继续思考"关于这个主题，我想知道什么（what I want to know）"，这样可以激发他们的阅读兴趣，让他们的阅读更加有目的性，更加聚焦，并激励他们进行自主学习。第三，在阅读过程中或阅读完成后，让学生对照前两栏，填写"关于这个主题，我学到了什么（what I learned）"，记录学到的内容并进行反思。以下是 KWL 表格的一个范例：

表 1.1 "已知—想知—已学"活动范例

Topic:		
Know	Want to know	Learned
Reflection:		

2. 小组讨论列表活动（list-group-label）

小组讨论列表活动与 KWL 表格类似，主要是在学生阅读文本之前，教师通过以下三步激活学生已有的背景知识（Allen，2004）：

第一，列出相关词汇。教师根据阅读内容选择学生比较熟悉的一个单词或短语，并要求学生独自列出与之相关的其他词汇（不少于 10 个）。

第二，小组讨论。学生分成小组，对组内成员列出的相关词汇进行归类、整合。

1　KWL 代指 what I know-what I want to know-what I learned。

第三，分类。小组成员为每一组词汇确定一个合适的标签/小标题。

表 1.2　关于病毒的小组讨论列表活动范例

List-group-label: Getting sick	
Whom to seek help when people get sick • Doctors • Nurses Where to go when people get sick • Hospitals	How people get sick • Being near someone who coughs and sneezes • Sharing cups and utensils • Eating food that has spoiled • Not dressing warmly enough
What happens when people get sick • People feel really bad • People stay home from school or work • People get high fevers • People get strange rashes • People throw up	Types of sicknesses • Flu • A cold • Chicken pox • Bronchitis

3. "确定与不确定" 列表活动（sure and not sure chart）

"确定与不确定" 列表活动也是让学生在阅读前进行小组讨论并记录下与主题相关的已有背景知识和自己不确定的知识（Williams，1987）。随后，每个小组派一位代表向全班汇报小组讨论结果，教师将其记录在黑板上，方便其他小组补充和记录自己没有想到的内容。

表 1.3　"确定与不确定" 列表活动范例（摘自 Williams，1987：3）

Sure	Not sure/Don't know
1. Whales are not fish. 2. The largest are 40m long. 3. There are different kinds. 4. They are used to make soap.	1. How many kinds? 2. How long do they live? 3. What do they eat? 4. How heavy are they? 5. How fast can they swim?

4. 语义图（semantic mapping）

语义图是一种通过图形组织来展示不同类别的单词以及这些单词如何通过主题意义彼此相联系的方式。教师通常通过以下几步来帮助学生激活文本主题和已有词汇知识（Johnson *et al.*，1986）：

第一，教师选择一个与阅读主题相关的关键词，并将其写在黑板上。

第二，鼓励学生围绕关键词进行头脑风暴，想出与关键词相关的单词，并在黑板上按类别列出这些单词。

第三，让学生单独思考几分钟，尽可能多地思考与关键词相关的单词，并将这些单词按类别列在一张纸上。

第四，让学生口头分享他们准备好的单词清单，并将他们的单词按类别添加到黑板上的语义图（如图 1.1）中。

第五，让学生为语义图上的类别添加标签（如 reasons for participating in the Olympics）。

第六，组织学生讨论语义图上的条目，鼓励他们认识新单词，并在单词之间建立联系。

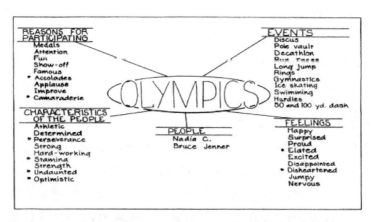

图 1.1　Olympics 的语义图（Johnson *et al.*，1986：779，略有改动）

围绕阅读主题建构语义图可以激活与阅读主题相关的词汇知识，培养学生的分类能力及认知范畴感知能力，帮助学生建立语言图示（王笃勤，2012）。同时，语义图也为文本信息的加工提供了一个框架，为学生理解文本材料做好准备（Williams，1987；Zimmerman，1997）。

5. 头脑风暴（brainstorming）

头脑风暴活动主要用于学生集思广益，激活大家对于阅读主题的背景知识。Cleary & Duncan（2008）介绍的头脑风暴做法非常值得借鉴：教师组织学生进行小组活动，由小组组长将大家的想法记录下来。为了让头脑风暴更有效，教师需要在活动前给予学生一些思考时间。同时，在进行头脑风暴前，教师应该提醒学生，要尊重他人，对于每一个想法都给予理解和包容。这样做可以保护学生的积极性，为其参与头脑风暴提供良好的小组环境。在活动中，教师要努力营造良好的讨论环境，让每个学生都有机会参与。为避免出现单个学生主导讨论的局面，教师可以要求学生轮流发言，当轮到某个学生而他/她暂时没有想法的时候，可以让其他人先说。当某个学生有多个想法的时候，教师也要提醒他/她不要一次说完，等下一轮轮到自己的时候再补充。当然，如果某个学生的发言让另一位学生突然有了灵感，这位学生也可以插队先说。在活动中，教师也可以建议学生把想到的内容都记录下来，以备阅读中或阅读后对照使用。总之，头脑风暴的目的是通过相互启发，尽可能多地激活已有知识经验。在阅读前进行头脑风暴有利于打破僵局，给学生提供相互学习的机会。大家围绕阅读主题，展开充分的讨论，随着越来越多与阅读主题相关的背景知识被激活，学生对于即将阅读的内容有了更好的准备，包括语言方面、知识经验方面等，可以为阅读理解打下很好的基础。

6. 使用视频、音频或图片

当教师认为某些背景知识比较抽象、不好理解，或学生缺乏相关经验的时候，教师可以选择视频、音频或图片等直观方式导入主题。比如，学生即将阅读的文本是关于自然灾害的，而他们没有过这种体验，那么教师可以选择播放电影片段或者纪录片片段等，利用短短两三分钟的时间，用具有强烈视觉冲击效果的视频给学生非常真实的感受，从而为接下来的阅读准备好相关背景知识。再比如，学生即将阅读的文本讲述的是发生在很久以前的真实事件，他们没有任何背景知识，那么，教师可以选取当时的新闻图片或音视频，使学生通过观看和相互讨论，对这一历史事件有一些大致的了解，对其发生的时代背景有初步的认识，这样对接下来的阅读理解能起到非常好的促进作用。

1.2　兴趣激发类活动

在开始阅读前，如果教师能够充分激发学生的阅读兴趣，将为有效阅读和深度阅读打下很好的基础。学生的兴趣是阅读理解最好的动力。兴趣的激发可以采取简单、直接的方式，也可以通过挑战学生的认知来激发他们的兴趣。

1. 使用视频、音频或图片

在阅读教学中，很多教师都会根据阅读主题，采用相关视频、音频或图片来激发学生的阅读兴趣。比如，学生即将阅读一篇关于英国饮食文化的文本，教师通常会先播放一个小视频，展现英国丰富多样的食物。由于视频画面鲜活，因此学生在观看的过程中，若对英国饮食文化产生了浓厚的兴趣，就会对阅读文本产生期待。再比如，学生即将阅读一篇关于某位歌星的文本，教师可以播放这位歌星的一两首代表作品，并展示他/她在不同时期的造型，学生通过歌曲和人物形象的变化去猜测他/她的故事，从而对这位歌星的人生故事产生阅读兴趣。需要注意的是，教师在采用这种方式激发学生阅读兴趣的时候，要充分考虑阅读文本的特点，选择合适的音视频和图片。此外，教师在使用视频时最好不要只给学生播放一遍，而是应该充分利用这些资源，并且把握好课堂时间。比如，前文提到教师可以播放一个关于英国食物的小短片来激发学生对英国饮食文化的学习兴趣。在播放之前，教师可以先请学生说出自己知道的英国特色食物，然后再请学生观看小短片，看他们提到的食物是否出现在了视频中，还有哪些食物是他们没有提到的。在此之后，教师还可以引导学生就小短片中体现的饮食文化展开讨论，为阅读做好准备。学习文本之后，教师还可以让学生用所学语言给这段视频创编一段新的画外音，讲解其中的内容，这样能够实现对资料的充分利用和对兴趣的充分激发。有的文本是文学作品的节选，教师可以播放一段电影或广播剧的节选或剪辑短片，最好是发生在阅读文本所讲述情节之前的一个片段或者是前情回顾短片，引起学生的阅读兴趣，这样也能给学生做好故事的前情提示，便于他们更好地预测故事和理解故事。

2. 设定难题，让学生提出解决方案

根据阅读内容，教师可以通过设定难题让学生提出解决方案的办法激发学

生的阅读兴趣。比如，在让学生阅读文本前，教师可以先将文本中主人公遇到的难题展示给学生，请学生思考自己会如何解决这一难题。学生可以利用头脑风暴进行小组讨论，提出多种多样的解决方案。由于学生深度参与了问题的解决过程，因此他们会更有兴趣了解作者的解决方案。在接下来的阅读过程中，他们会带着强烈的兴趣去寻找作者的解决方案。再比如，在阅读关于面试技巧的文本前，教师可以让学生想象他们自己是面试官，然后由教师描述几位面试人的不同表现，让学生决定录取谁，并讨论录取的原因和标准。在解决这个问题时，学生不仅需要深度思考，同时他们讨论录用标准时也会遇到很多困惑。学生的阅读兴趣被充分调动后，他们会特别希望了解作者的选择标准，因而会迫不及待地去阅读文本。

3. 联系自身经验先写后读

用写作的方法将阅读文本与学生的自身经验建立联系也可以激发学生的阅读兴趣。在阅读之前，教师可以先请学生将与阅读话题相关的、发生在自己身上的故事写出来（时间不允许的话也可以口头表达）。通过写作或口头表达，学生有机会去反思自己的经验，在反思过程中，他们会发现一些使自己困惑或者感到有趣的地方，这就成功地让他们对阅读他人的经验产生了兴趣和期待。

4. 提出问题为阅读设定目标

在阅读前，学生可以根据文本的题目提出自己想了解的问题，这样能够提升他们的阅读兴趣，使得他们希望通过阅读来验证文中是否有自己感兴趣的内容和自己希望学习的知识，所读内容是否符合自己的预期等。教师还可以领读文本的第一段或第一部分，鼓励学生向文本中的人物或作者提出自己的疑问，发现矛盾点或信息沟，以此引起学生阅读全文的兴趣。提出问题也是学生积极思考的一种表现，这样做可以使学生的阅读更加有目的性，更加聚焦，更加有效。

1.3　预测联想类活动

预测联想是读前常用的活动方式之一，学生带着对文本内容的预测去阅读，其阅读的过程会更加聚焦、有效。

1. 根据题目、主题图等展开预测

这种预测方式最为普遍，也最为简单。教师可以先告诉学生文本题目，然后呈现文本中的主题图，让学生根据这些信息去预测文本的主要内容。在预测过程中，学生可能会用到相关的语言知识，这时教师可以顺势预教一些关键词汇和表达。这样做能帮助学生从内容上和语言上为阅读做好准备。

2. 根据图片或句子排序展开预测

教师可以根据文本特点，通过排序的方式让学生对内容进行预测。如果阅读文本讲述的是一个故事，那么教师可以将其中的情节制成图片，让学生根据自己的想象将图片排序，使之形成一个逻辑连贯的故事并与同学分享。学生的排序与原本的故事可能相同也可能有差异，但正是这种不确定性才能让学生对阅读充满期待，在阅读过程中更迅速、更准确地把握阅读内容。再比如，学生即将阅读某位作家的传记，教师可以选择其中的典型事件让学生排序，这样一来，学生在阅读时就能够更好地了解作家的生平。这类活动还能在一定程度上为学生做好语言准备，从而降低阅读难度。

3. 阅读开头和结尾，预测中间部分的内容

教师在教故事类文本的时候，可以考虑这种预测方式。首先，教师指导学生阅读故事的开头和结尾。然后，学生以小组为单位创编出故事的中间部分。最后，全班分享。学生可以有机会听到不同的故事发展脉络，并讨论哪组的故事最有逻辑，哪组的故事最有创意，哪组的故事可能与原文最接近等。这样的读前活动虽然花费的时间可能相对较长，但学生通过先创作、再阅读的方式，不仅可以有效提升阅读兴趣，还可以提升创意写作能力。教师在带领学生阅读故事之后，可以将学生的创作和作者的写作手法进行比较，让学生对不同版本的故事以及自己的阅读体验进行比较、反思和评价，从而有效理解该故事的写

作特点和手法。

4. 利用文本概要进行预测

利用文本概要可以有效进行预测，比如教材 *New Headway* 中有一个活动，让学生阅读六本书的概要并分别将其与书名配对（Soars & Soars，2014：25）。

六本书的书名分别为：*The Vinegar Mother*，*The Double*，*You Can't Be Too Careful*，*People Don't Do Such Things*，*The Fallen Curtain* 和 *The Clinging Woman*。

六个剧情简介分别为：

- Lisa fears for her life when she meets her exact double, the sensuous, manipulative Zoe. But Lisa's fiancé, Peter, becomes obsessed with Zoe, risking his savings and his sanity for her.
- A cautious woman's desire for security within her home is tested to the extreme by a roommate who often leaves the doors unlocked, which leads to sinister consequences.
- A suburban couple have an exciting, charismatic new friend, Reeve, a writer whose behaviour towards them soon becomes both violent and sinister.
- Sometimes mothers are not maternal. They reject their children. Here the mother-daughter relationship is disastrously played out.
- A quiet-living, modest man rescues a young woman from suicide and goes on to marry her, only to become a victim of her obsessive possessiveness.
- A stranger lures 8-year-old Richard into his car with the promise of sweets. Age 18 he is still haunted by the incident but remembers nothing until he revisits the site and the curtain lifts.

学生要完成这个活动，首先需要通过书名对书的内容进行预测，然后在阅读概要时再去思考和寻找适合它的题目，匹配两者的过程中也涉及对内容的解读，尤其是对完整内容的想象。因此，该活动可以有效激发学生的阅读兴趣，同时也为他们做好背景铺垫，无论后面读哪一本书，相信他们都会很好奇自己之前想象的情节与作者所写内容是否有一致的地方。

5. 快速浏览

快速浏览是预测内容的一种方式。在细读一篇文本之前，教师可以引导学生大致浏览全文，让学生对文本的标题、小标题、长度、段落分布、插图、注释等有个基本的概念，这些可以帮助学生更好地理解文本，因为学生可以借此初步了解所要阅读的文本，知道作者大致会从哪些方面进行阐述。研究表明，正式阅读之前先浏览概貌非常有助于提高阅读理解水平，对于外语学习者来说这一方式则更为重要（如 Hedgcock & Ferris，2018）。

对于不同文体，快速浏览的内容是不同的。如果学生要读的是一本小说，那么他们可以浏览封面、封底和目录，这样可以大致了解小说的内容；如果是一篇学术论文，那么他们可以浏览摘要、研究问题、研究方法和研究结论，这样可以迅速了解研究内容和研究发现；如果是一篇议论文，那么他们可以浏览第一段、结尾以及每段的第一句话，这样可以大致了解作者的观点。教师需要根据所读文本的特点来引导学生高效地进行快速浏览。

6. 预处理语言

预处理语言是读前活动的重要内容，我们之所以把它放在预测联想这一节来介绍，是因为通过预处理语言，学生可以对文本内容进行预测。教师主要可以通过预测和预教两种方式处理重要的、难理解的词汇和句子。

如果教师计划通过预测方式处理词汇，那么可以给学生提供一部分与主题相关的重要单词或短语，它们既可以是文本中出现的，也可以是文本中没有出现的。由于这些词中可能包含少量生词（即根据上下文无法猜测词义，但不懂词义可能会影响阅读理解的关键词），因此教师需要为其配图以帮助学生理解词义，从而为预测活动做好铺垫。教师可以让学生根据文本题目、主题、插图等，预测上述哪些词汇可能会出现在文本中，学生在预测过程中对这些词汇进行加工处理，既学习了语言知识，又在已知和未知之间搭建了桥梁。此外，教师也可以从文本中抽出一些重要的句子，然后掺入一些其他句子，让学生根据文本题目预测其中哪些句子有可能出现在文本中。这样的预测活动可以实现多重目的。首先，学生通过预测，激活了已有知识经验，对文本内容会有大致的了解，对阅读会有所期待，在阅读过程中也能更迅速、准确地获取重要信息。

其次，学生在活动中预先学习了一些语言知识，这就让学生在语言方面做了一定的准备，在一定程度上降低了阅读的难度。最后，学生在活动中需要和同伴进行讨论，说明自己预测的理由，在论证自己观点的过程中，他们的思辨能力和论述能力都能得到一定的发展。

教师还可以预教一部分可能会影响阅读理解的生词或难词，比如有特定文化含义的单词（包括人物、地点、事件等）、俚语、标语，以及难以根据上下文猜出词义的单词等。学生在学习这些语言知识的同时，也能根据这些特定单词的含义和它们之间的关系，预测即将阅读的内容。需要注意的是，教师在预教语言知识的时候，要避免孤立地教和只给出释义，而是要将这些语言知识放在情境中去教（Nation，2013）。情境的创设可以通过图片、音视频（歌曲、纪录片、电影片段等）等形式，也可以就语篇主题展开讨论，在讨论过程中由教师带入生词。需要注意的是，在读前阶段，教师不要预教所有生词，而是要先讲解可能影响学生第一遍阅读和理解大意的词汇，其他生词可以在阅读过程中或阅读后再进行讲解。

7. 分段阅读和预测

除了进行全文预测以外，教师还可以根据需要将文本分为片段，引导学生对片段内容进行预测。在学生每读完一个片段后，教师可以设计一些阅读理解活动来帮助学生理解片段内容或学习语言知识，同时预测下一个片段的内容，之后学生再继续阅读。这种分片段预测方法对于较长的文本比较有效，尤其适合故事类的文本。虽然这样的教学活动不完全属于读前活动，但对于每一个片段来说也算是"读前"，所以我们把它放在读前活动中来介绍。

读前活动总结

读前活动常常容易被教师和学生忽视。然而，读前活动在阅读理解中是非常关键的环节。设计和实施好读前活动，不仅可以提升学生的阅读理解水平，而且可以帮助学生培养阅读兴趣，树立阅读信心。教师不仅要重视读前活动，更要积极思考如何根据阅读目的、文本特征、学生水平和已有知识经验、课前和课堂时间等条件，设计出最合理、有效的读前活动。

第二章　读中活动

如前所述，教师设计读中活动的主要目的是帮助学生理解所阅读的内容并对所获得的信息进行加工处理。读中阶段的阅读理解活动特别重要，尤其是在文本较长、内容不熟悉、体裁有挑战的情况下，教师更要精心设计读中活动。以往教师主要利用问答题、选择题、判断对错题、翻译题和释义题等手段来检验学生是否已读懂所读内容（王蔷，2006），用这些方法固然能检查学生对文本的理解是否准确，但它们大部分时候检测的是学生对表层或字面意义的理解，较少涉及推断性理解。此外，这些方法也忽略了对学生阅读策略的培养。因此，本章将对表层意义理解和推断性理解这两个方面的活动设计以及如何提升学生的阅读策略进行介绍。

2.1　表层意义理解

除了传统阅读教学中用到的问答题、选择题、判断对错题、翻译题和释义题等手段外，教师还可以通过以下活动帮助学生加深对表层意义的理解。

1. 采用信息转换方式梳理信息

研究表明，当学生能把文字信息转化成另一种类型的信息（如图表信息）时，这些信息能够被有效地吸收和消化。这种信息转换方式（transition device）在阅读教学中的功能可以通过图 2.1 来表示：

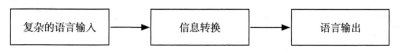

图 2.1　信息转换方式的作用（王蔷，2006：194）

信息转换方式可以有多种：图片、时间轴、流程图、饼图、柱状图、简笔画、表格、给段落写出小标题、记笔记等。比如，教师可以让学生在读完故事后选出最符合故事情节的图片、将描述主要情节的图片排序、用简笔画画出故事插图等；读完说明文后利用饼图、柱状图等将数据信息转换成图形，使信息或信息之间的关系一目了然；读完议论文后利用表格梳理不同观点；读完游记后在地图上标注旅行轨迹等。除此之外，还可以通过结构图来梳理文本信息，比如流程图、树状图、循环图等。结构图是梳理信息的重要手段，也是使用较为广泛的阅读辅助手段。结构图不仅可以帮助学生总结文本结构，更重要的是，学生可以通过结构图从大段叙述文字中提取关键信息并梳理信息之间的关系（Hedgcock & Ferris，2018），形成一种直观表达。比如，利用树状图梳理人物关系，利用流程图或循环图等演示操作步骤、事件发生的过程等。

下面介绍几种不同类型的文本可选用的结构图：

（1）议论文结构图

Introduction: Main argument _____
 Body: Supporting detail 1 _____
             Evidence _____
      Supporting detail 2 _____
             Evidence _____
      Supporting detail 3 _____
             Evidence _____
          ...
 Conclusion: _____

（2）记叙文结构图

Title:
When: _____   Where: _____   Who: _____
Beginning:
Development (details/events):
Ending:

（3）过程性说明文结构图

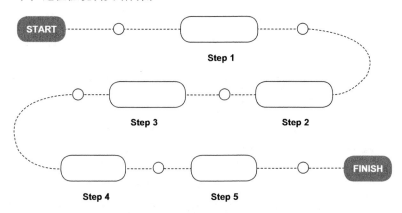

（4）因果类说明文结构图

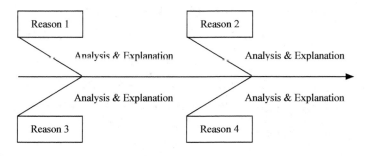

结构图的种类很多，难以穷尽，教师可以充分发挥想象力和创造力为文本设计合适的结构图，也可以放手，在阅读完之后由学生以个人独立完成或小组合作完成等方式画出文本的结构图。

教师在采用信息转换方式的时候要注意选择最能抓住文本主要信息的形式。信息转换方式的益处很多，主要包括以下几点：

· 引导学生关注文本大意；

· 简化信息，提纲挈领地概括语篇内容；

· 学生边读边完成任务，阅读时高度集中精力；

· 信息转换完成后，能够成为学生口头或笔头输出的基础。

2. 利用插图讨论内容

许多教材的阅读材料中都有插图，这些插图可以成为辅助理解表层意义的重要手段。如在教材 *Access 7*（Thaler & Rademacher，2019：77）中有这样两个活动：

a) Make notes on the main events in the story. Use your notes to say what happened.

b) Describe the picture above. Then discuss which other scene from the story would make a good illustration.

我们可以看到这里的活动 a 要求学生边读故事边记录其主要情节，然后根据自己的笔记来讲述故事。活动 b 则要求学生描述教材中的插图，然后讨论所读故事中还有哪些情节适合作为插图。活动 a 属于利用"记笔记"这种信息转换方式来完成对意义的理解，简单且易操作，要求学生关注故事中的主要事件和细节并进行记录，学生在记录的过程中可以抓住故事的发展脉络。活动 b 也是考查学生对表层意义的理解，但是更加开放，更加有挑战性。学生在活动 a 的基础上，完成了对故事内容的梳理和理解，然后他们可以根据所记录的主要情节来描述教材中的插图。此外，他们还要选择并判断其他哪些情节适合转化成好的插图。学生在思考、分享、讨论的过程中，会形成许多思想火花的碰撞，从而感受到阅读的乐趣。

3. 写文本概要

给文本写概要，可以有效检测学生是否理解了文本的表层意义，既是对所读内容的回顾，也是一项重要的学术技能（写摘要、综述前人文献等都涉及这项技能）。针对学生的不同水平，教师可以使用不同的方法。对于英语基础比较薄弱的学生，教师可以用概要填空的方式，填空的内容可以随着学生水平的增长而加长，先从单词、词组填写开始，逐渐到句子填写，之后可以给出主要结构，让学生填写大部分内容。同时，教师也可以提供几段现成的概要，让学生选择最能总结语篇内容的一段。对于英语基础比较好的学生，教师可以先告知概要写作的要点，然后让学生自己完成写作。此外，教师还可以组织学生比较自己写的概要和他人写的概要，从而更好地了解概要写作的特点。如果学生完成的概要比较令人满意，教师就可以认为他们已完全理解文本的大意。

下面是概要写作需要注意的几点问题（Hedgcock & Ferris，2018：201）：

（1）只陈述大意，不汇报细节。

（2）要用自己的话来写。因为概要写作不能原封不动照搬原文（那样是抄袭），而是要在自己完全理解并内化文本内容的基础上转述文本内容。

（3）只陈述作者的观点而不表达自己的观点。在介绍作者观点时，不表达同意与否，也不予评述。

（4）必要时，可适当引用语篇内容，并用一些特定的语言表明这是总结概括他人观点而非自己的观点。比如，概要的开篇需要点名作者和题目，在陈述某个具体观点时，可以说"作者解释说……""作者的调研数据表明……"或者"作者认为……"等。

教师在训练学生写文本概要时，可以把这些需要注意的问题提前告知学生。有的教师在给出概要写作任务的时候更为细致（Hedgcock & Ferris，2018），连用什么语言、用什么时态都给出了具体的指导，这对于本书的读者想必也是非常有借鉴意义的。

Your first draft must be 100—150 words long (at least). Your final draft will be 250—300 words long.

You must:

- identify the author's name as well as the title and source of the text;
- state the main idea/purpose of the text in your own words;
- identify the most important information;
- state the author's conclusion;
- maintain an unbiased account of the text (This is not where you state your own opinion about the text. This is where you accurately restate what the author says.);
- use reporting verbs to introduce the author's main idea and supporting details (e.g., maintained, indicated, showed, argued, insisted, stated, reported, explained, discussed, etc.);
- use the past tense to discuss what the author said (*As Smith argued* ... rather than *As Smith argues* ...);
- use discourse markers that reflect the organization of the original text, e.g., cause-effect, comparison-contrast, process, chronological order, and persuasive markers;
- use appropriate pronouns (he, she, they, it). First and second person pronouns (I, you, we) are not needed for a summary of someone else's work.

图 2.2　概要写作任务示例（改编自 Hedgcock & Ferris，2018：202）

4. 挑错式阅读活动

表层意义理解要求学生能够回忆或识别哪些信息来自文本，哪些不是（Rupley *et al.*，2009）。根据这一原则，教师可以设计各种挑错式阅读活动。比如，传统阅读活动中的判断正误就是其中的一种。再比如，对于故事类阅读文本，教师可以借一个虚拟人物的口吻来转述故事，请学生读这段转述文字并找出哪些信息是正确的，哪些是错误的或者是文本中没有提到的；对于描写类阅读文本，教师可以准备两幅图片，请学生根据所读内容判断哪幅图片能准确表达原文内容，或者图片中的哪些内容与原文描述不符。

2.2 推断性理解

一般而言，我们所要阅读的文本并不会把一切都交代得特别清楚，这就给读者提供了推断的可能性和/或必要性。在学生理解了文本的表层意义之后，教师可以引导学生对文本进行深入阅读，推断字里行间没有明确写出来的信息，但要注意这种推断必须是有理有据的。

1. 推断生词的含义

学生在阅读过程中必然会遇到生词，根据上下文推断词义是阅读理解的必备技能。这种技能不是自然获得的，需要经过教师的指导和学生自身的不断练习。教师需要帮助学生找到上下文中的有效线索并指导他们如何通过这些线索理解生词的含义。通常来说，文本标题、内容主题、句子的语法结构、生词与其他单词的意义关联、单词的构词方式等都有可能帮助学生推断出生词的词义（王蔷，2006）。比如下面这句话：

Let's synchronize our watch so that we can start the game at exactly the same time.

根据句子的语法结构，so that 引导目的状语从句，也就是说 synchronize our watch 的目的是 start the game at exactly the same time。watch 和 time 是相关联的两个单词，由 same time 可以得知，人们需要把手表的时间调到一致，才能保证游戏开始的时间也一致，完成对 synchronize 这个单词词义的推测。当然，学生也许还会推测出别的意思（如"核对"等）。如果学生推测出多种词意，那么教师可以给学生提供更多相关的例句（如"The sound track does not synchronize with the action."），让学生以小组的形式继续在不同的语境内去推测、辨析和比较 synchronize 的含义。除了语境知识以外，教师还可以将单词拆解为 syn/chron/ize，继续引导学生运用构词法去推测词义。教师在指导学生学习词义推测的时候，不但要请学生说出词义，还要请学生分享推测的过程，这样既有助于培养学生的语境意识、推理能力和学习策略的选择与使用能力，又能给予其他学生以启发，帮助他们逐渐获得推测词义的方法。通常，一个班学生的水平会有差异，单词量大的学生可能不需要推测就能直接说出词义。为避免这种情况，教师可以用假词替代生词，这样，学生就都会关注推测词义这一学习策略。比如上面那句话，教师可以用假词 nichalize 来代替 synchronize（在活动结束之后再告知学生 nichalize 为假词）：

Let's nichalize our watch so that we can start the game at exactly the same time.

当然，教师也可以采用空格或抹掉单词的方式，让学生推断这里的词义，如：

Let's XXX our watch so that we can start the game at exactly the same time.

然后再给出 synchronize 这个词，这样，学生在理解了意义的前提下，反而可能会把这个单词记得更牢。

2. 推断言外之意

文本表层意义之外还有许多信息并没有被明确写出来，而是暗含在文本之中，即言外之意。学生需要通过推断才能明白这些信息，推断这一技能也是一项重要的阅读技能。学生需要在通过阅读获取的信息和自己已有的知识经验之间建立联系，从而解读出作者隐而未发的深层含义。以下面这句话为例（Cottrell，2017：83）：

You, too, could have a life in the sun.

这句话的表层意义是："你也可以生活在阳光下。"（You could live where there is sunshine too.）但是，我们把这句话拆分来仔细分析，其言外之意可能有两个：

（1）生活在阳光下是非常美好的状态，但作者把这个作为吸引"你"的目标之一，这就说明并不是每个人都可以像这样生活。

（2）虽然不是每个人都有机会生活在阳光下，但"你"是有机会选择的，这个选择的前提可能是"你"要按我们的建议去做，这样"你"就可以获得这样的机会。

这两个推断是基于学生对语言的掌握、对人物或情节的理解、对自己的生活经验的反思等做出的。

为了引导学生通过推断领悟文本中的言外之意，教师可以在阅读教学中组织学生讨论文本中的关键词或者通过提出不同类型的推断性问题来引发学生思考。一方面，教师可以组织讨论，引导学生利用自己已有的知识经验和语篇的情境去理解关键词的内涵和外延，并利用这些知识学会推断言外之意。以下文为例（Cottrell，2017：86）：

Although my client has been a bit <u>naughty</u> in the past, her behaviour has now changed. Her children have been through difficult times in the last few months. Her son has been seriously ill and her daughter was very distressed by her grandfather's death. During the period of trial contact with her children, my client has been like a <u>rock</u> to them. They are now reliant on her support.

这段话的表层意义是我的当事人过去的行为不好，但现在有所改善，她证明了自己可以给孩子提供很好的关爱。其中的 naughty 和 rock 在这个文本中有言外之意。naughty 在英文里常常和孩子的行为相关联，因此，在这个文本中，其言外之意是：这个当事人的行为虽然欠妥，但还没有到那么严重的地步。而 rock 这个词在英文里有坚定、安定、可靠、提供足够的支持和帮助等意思，文本中把这位当事人描述成像 rock 一样的妈妈，言外之意是她是孩子们的坚强后盾。

另一方面，在阅读过程中，学生需要进行各种各样的推断，如词义推测（lexical inference）、局部语篇推理（local cohesion inference）、全面推理（global coherence inference）和精细化推理（elaborative inference）。以下文为例，教师

在课上可以通过提出不同类型的文本推理问题，加深学生对文本的认识和理解（Oakhill *et al.*，2014：41）：

In the morning, Pauline immediately spotted her friend Susie's new school bag. It was a rucksack type but not a silly pink and childish thing like her own. When her father was back from work, she asked him if she could join him on his shopping trip into town. She knew that there were lots of shops just next to the supermarket where he always shopped.

在处理这部分文本时，教师可以通过以下问题了解学生对文本深层次内容的理解程度，并鼓励学生从不同层面对词汇和内容进行推断性理解。

(1) What age group does Pauline belong to?

(2) What sort of bag was Susie's new school bag?

(3) What colour did Pauline want for her school bag?

(4) What sort of shop did Pauline's father plan to go to?

(5) What sort of shop did Pauline wish to go to?

(6) Did Pauline tell her father why she wanted to go shopping with him?

通过以上六个问题，学生可以推断出 rucksack 这个词的含义，还能加深对 Pauline 这个人物的认识和理解，同时也可以更好地理解语篇。

3. 推断文本中人物的行为或语言

以下文为例（Soars & Soars，1998：113）：

He saw her from behind and recognized her immediately. He walked faster until he was just ahead of her, then turned round, wondering whether to smile. It didn't seem like fifteen years. She didn't see him at first. She was looking in a shop window. He touched the sleeve of her jacket. "Hello, Amanda," he said gently. He knew he hadn't made a mistake. Not this time. For years he kept thinking he'd seen her—at bus stops, in pubs, at parties.

教师可以提出以下问题：

(1) What were the things they never said?

(2) What would he say to the woman? What might he do?

(3) What might be the woman's response?

这段文字是故事 Things we never said 的开篇，其中有很多关键词，可以给学生很多提示，比如男主人公仅从背后就能一眼认出女主人公，说明他可能对她有特殊的感情。而他们显然有 15 年没见了，他面对她的时候不知道用什么表情，这个情节似乎告诉我们他们可能因为一些问题而分手，然后就再也没有联系也没有见过对方，再见面时不知道该怎样面对彼此。接下来描述男主人公一直幻想着能再见到女主人公。从这一段我们可以推断出男主人公的感情似乎更强烈一些，很有可能是女主人公离开了他。至此，两人可能的关系、故事可能的发展脉络都是可以进行推断的。当然，学生的推断并不一定和作者的思路完全吻合。学生可以结合故事的题目、这段文字描述的场景，以及自己的生活经验，推断一下他们之间曾经发生过什么，然后再推断出这次见面两人会说什么、做什么，他们是否会冰释前嫌，是否会重归于好，等等。在推断的过程中，学生充分调动了认知和思维，想象并创造出来人物的所思所想所为，也就为更好地理解故事打下了良好的基础。

教师还可以给出文本中人物可能说的话，让学生根据所读内容判断说话人是谁。以下面的活动为例（Soars & Soars，2014：42），学生所读的文本是关于两个青少年的故事，他们需要根据这两位青少年的特点来判断这三句话分别是谁说的：

Which person might have said ...?

　　"I know I'll still be writing and playing when I'm an old man."

　　"She won't be able to walk at all in a few years."

　　"By the time I'm 40 I'll have found a way to do it."

以上两种活动属于推断性理解活动，可以帮助学生更好地理解文本的意义，并推动他们的思维发展。

4. 推断文中人物的所思、所想、所感

文本中人物的感受、态度、想法有时没有明确写出来，但是学生可以通过字里行间去推断出这些内容，推断出来的内容有助于阅读理解。再比如，有的文本为了保持主线会跳过一些情节，或省略对人物所思、所想、所感的描写，这些内容的缺失对于文本的理解并不一定会产生多大的障碍，但是，如果学生能够大胆推断，倒是能体现出学生对文本的理解程度，也能推动学生想象力和创造力的发展。

以 Kate Chopin 的《一小时的故事》（*The Story of an Hour*）为例：小说讲述了 Mallard 夫人在一个小时中经历了两次震撼，从获知丈夫因火车事故丧生的消息，到丈夫突然返家，她在惊愕之中心脏病发作猝死的故事。这位夫人刚听到噩耗时大哭了一场，但随后当她独自一人看着窗外美丽的世界时，她渐渐意识到以后的日子可以为自己而活，而这对当时的女性而言几乎是不可能的事情。就在她以为美好生活即将开始时，她的丈夫却因躲过一劫，回到家中。她竟然因为这个事实而惊愕猝死。小说对女主人公内心的描写是非常精彩的，但内心的所思、所想、所感并没完全写出来。教师可以请学生细细品味（如下面两句），根据作者的描写来推断女主人公当时在想什么，并把这种心声用独白的方式表达出来。教师可以通过学生所呈现的女主人公的内心独白，了解学生对文本深层理解的程度，并据此指导下一步教学活动。

She wept at once, with sudden, wild abandonment, in her sister's arms. When the storm of grief had spent itself she went away to her room alone. She would have no one follow her.

She sat with her head thrown back upon the cushion of the chair, quite motionless, except when a sob came up into her throat and shook her, as a child who has cried itself to sleep continues to sob in its dreams.

教师还可以请学生推断这对夫妻之前的生活状态，同样可以用女主人公的口吻去讲述他们之间的故事和她自己的感受，从而更好地理解当时的女性为什么会如此渴望自由。

5. 推断文中缺失的情节

在阅读教学过程中，教师可以刻意不给学生看结尾（或者只看结尾里的部分内容），由学生根据所读内容去续写或续说，推断故事情节，然后再与原文的结尾对比。下面这个活动就是给出结尾的部分内容，由学生去完成结尾的例子（Soars & Soars，2014：27）：

Read some lines from the rest of the story. What do you think happens?

- My life has been yours ever since you saved it.
- We don't need children to bring us together. You're my husband and my child and my friend all in one.
- The first thing he noticed when he let himself in at his front door at six was the stench of gas.
- —"How long," she asked dully, "will you be gone?"

  —"Three months." She paled. She fell back as if physically ill.
- ... she had been lying there, the empty bottle of pills still clutched feebly in her hand.

Look at p162 and read a synopsis of the story. Were your predictions right?

在这个活动中，学生需要阅读从最后一部分内容里抽取出的几句话，然后把故事的结尾补充完整，再和故事的实际结局进行对比，看自己完成的内容与原文有哪些异同。

6. 推断作者的观点和态度

在阅读文本中，作者有时候会明确地表达自己的观点和态度。而有时候，出于种种考虑，他们并不会明确表达自己的观点和态度。此时，学生就需要自己去分析和判断。推断的依据可能是词汇的选择，也可能是论述的方式，如例子的选择，以及字里行间透出的"味道"。以下文为例（Cottrell，2017：34）：

Space travel is expensive and the costs far outweigh the benefits. There are much more urgent projects that need investment more than space travel. Better alternatives for fuel for space travel may be available in the future.

作者在整段话中并没有明确表明对于 space travel 的态度，但我们可以明显地感觉到他对于是否继续为发展航天事业投入更多的经费是持反对态度的，他想表达的观点应该是"We should stop investing in space travel."。这可以从 expensive 和 far outweigh 等暗含否定的字眼，以及"There are much more urgent projects ... than space travel."和"Better alternatives for fuel for space travel may be available in the future."等论述中看出来。如果遇到合适的文本，教师可以设计相关活动，引导学生学习如何推断作者的观点和态度。

2.3 阅读策略培养

随着"终身学习""学会学习"等理念的传播，越来越多的专家学者指出，教授学生阅读策略应该成为阅读教学的重点。读中阶段是发展学生阅读策略的重要时段。对于大学生而言，一些重要的学术阅读策略也可以在读中阶段培养，比如积极阅读（给文本做标记、做评注、提出问题和做出回应）、分析结构（比如前面提到的画结构图）等（Hedgcock & Ferris，2018）。

1. 给文本做标记

也许有人会说，人人都会给文本做标记。其实未必。也许每个人都知道做标记的重要性，但并不是每个人都知道要标记哪些内容。好的标记应该能凸显关键信息，而且这些信息能够帮助学生更好地抓住文本的大意。因此，教师示范和指导下的练习就尤为重要。针对这一策略，教师可以按以下步骤进行示范和指导（改编自 Hedgcock & Ferris，2018：190）。

第一步：教师先向学生介绍给文本做标记的重要性，并告知他们，一个段落的重要信息通常会出现在首句或尾句，他们可以将整句话标记出来，也可以只标记一部分或只标记其中的关键词。

第二步：教师发给学生一段话，请他们判断哪些信息值得标记。然后学生到大屏幕前，在段落上做标记。

第三步：全班讨论这些标记出来的内容，达成共识。期间，学生可以提出问题或给出不同意见。

第四步：教师再发给学生同一篇文本中的另一段，让学生自己进行标记。标记完毕，教师可以让学生先和其他同学进行比较和讨论，然后再组织全班分享和讨论。

这一策略的训练不仅可以帮助学生学会做标记，也可以帮助学生提升辨认关键信息的能力。

2. 给文本做评注

许多学生都有边读边做评注的习惯，会在文本的空白处写下自己的想法、评论或问题，这是积极阅读的表现。但是，学生需要思考的是，如何做评注才最有效或最有帮助。教师需要提醒学生，阅读目的不同、文本体裁不同时所做的评注应该有所不同。教师可以根据文本特点，建议学生对什么样的信息做评注以及如何做评注等。以下面这个指示语为例：

请你边读边做三件事：

（1）将所有生词或短语、具有特殊用法的单词或短语、俚语或习语标记出来（可以圈出来，或使用下划线，或采用标记笔将之涂上颜色）。

（2）本文提出了某个观点"_____"（请根据所读文本将其表达的观点写在这里），请你在所有你认为是作者给出的理由旁边的空白处打上星号（*）。

（3）本文也给出了与"2"相反的观点，请你在所有解释这一不同观点的句子旁边的空白处打上叹号（!）。

在这个例子中，教师给学生提供了具体指导，学生就比较容易知道哪些是重要信息以及如何做评注。当然，除了打星号和叹号，教师还可以让学生写出评语或提出问题等。

3. 提出问题和做出回应

我们在读前活动的兴趣激发类活动部分曾介绍过，教师可以让学生在读前提出问题，即提出自己想了解哪些内容，从而引发学生的阅读兴趣。在读中阶段，学生也可以边读边提出问题，并在读的过程中对这些问题做出回应。以下例子可以成为这一活动很好的范例（改编自 Hedgcock & Ferris, 2018：192）：

请你阅读文本，从文中挑出 4 至 5 个让你觉得惊讶或困惑的片段，谈谈自己的看法。

从文本中挑选 4 至 5 个片段，抄在下面。	解释一下你为什么选择这几个片段，你对这些片段是怎样理解的，这些片段对你有何启发，你还有哪些不明白的地方等。
(1) (2) ……	

学生在阅读过程中不断提出问题并做出回应是与文本互动的过程，是深度理解文本的重要手段，也是可以受益终身的阅读策略，应当引起教师的重视。

4. 分析结构

在表层意义理解部分，我们已经介绍了如何用结构图来梳理文本的结构脉络，在此不再赘述。教师需要注意的是，要学会逐渐放手，从教师提供结构图，学生完成内容填写，到学生自主完成结构图，教师要逐渐抽离。教师要相信学生可以独立完成，这也是给学生提供"做中学""从错误中学"的机会。学生完成结构图后，教师可以组织小组或全班分享，让学生有机会了解不同的思路。

阅读策略的培养不是一蹴而就的。教师不仅需要在教学过程中有意识、有目的地培养学生的阅读策略，还要创造机会让学生不断复习和练习所学策略，在使用中不断成长，为终身学习打好基础。

读中活动总结

读中活动是检验读前活动效果的重要渠道，是读后活动顺利开展的重要保障。如果学生在读前活动中做好了充分准备，那么在阅读过程中就能比较顺利、深入地理解文本。此外，教师在设计读中活动时，除了要关注学生对文本意义的理解程度，更要注意对学生阅读策略的培养，这样才能"授之以渔"，推动学生将策略迁移到其他阅读活动或学习活动中去。只有顺利展开读中活动，学生才能有效参与读后活动，形成自己的态度和观点，获得新知识，培养新能力。

第三章　读后活动

在学生充分理解了文本内容并完成语言学习任务之后，就可以进入读后阶段了。英语阅读教学中的读后活动是对阅读理解效果的检查，可帮助学生练习、巩固、扩展从阅读课文中学到的语言知识和技能，进一步理解和运用文本主题和内容（Harmer，1998），发展语言综合运用能力和高阶思维。因此，读后活动的主要目的是让学生对所读内容进行拓展延伸、联想应用、反思评价。Saricoban（2002）总结了一些常见的读后活动，包括总结、评价、综合、评论和反思。此外，读后活动还要能给学生提供足够的机会，让他们使用在阅读中学到的语言知识。如果读后活动指向发展学生的高阶思维，那么学生在阅读中的获得感会更强。因此，在读后阶段，教师既可以设计基于语篇的评价与反思活动，也可以鼓励学生对所学知识进行拓展和应用。

3.1　评价与反思

学生除了要实现对文本的表层意义理解和推断性理解之外，还需要对文本进行评价与反思。换言之，他们需要对文本内容的真实性、可信度、关联度、适切度，以及写作手法进行评价与反思。

1. 对文本内容做出回应

以 *New Headway* 第二单元的阅读文本 A planet poisoned by plastic 为例（Soars & Soars，2014：18-19），该文讲述了人类生产、使用、丢弃塑料制品的行为对地球环境造成的极大伤害。其中，作者用了大量数据和事实呈现了令人震惊的现状。教材编者设计了这样一个活动：

Give your personal reactions to the text. Use these phrases.

> I didn't know/I already knew that ...
> What surprised me was ...
> It's incredible that ...
> It's a shame that ...
> I wonder what can be done to ...

这个活动设计特别巧妙。编者让学生对所读内容进行评价，并不是评价文本中人们的行为，而是评价其中的哪些内容是自己已知的，哪些是新知识，哪些令人震惊，哪些难以置信，哪些令人痛心，哪些是值得关注的，等等。学生在这个活动中的任务依然是理解文本内容，但要加入自己对文本内容的回应。在此之后，教师可以引导学生分享和解释自己的回应（如"Why ... is incredible?"）。通过对文本内容进行回应，学生可以进一步加深对文本的理解，形成自己对主题内容的理解和思考。

2. 对文本内容做出评价

根据所读内容，教师可以设计活动让学生对其做出评价。比如，可以对人物的某个行为或语言进行评价，可以对文本提出的观点进行评价，也可以对人物本身进行评价。以下面的活动为例（Thaler & Rademacher，2019：49）：

What do you think about Dylan and Emily's punishment? Make notes like this:

fair because	not fair because
roof dangerous	kids only wanted to see stars
...	...

在这个故事中，Dylan 和 Emily 在班级出游期间，坐在入住酒店楼顶的露台上聊天，后被老师发现而受到惩罚。学生需要对教师做出的"惩罚"这个决定进行评价，探讨这样的惩罚对这两个学生是否公平并给出具体理由。为了完成这个活动，学生需要回归文本，仔细阅读，掌握事件的来龙去脉。这样的评价性理解活动能够有效推动学生对文本的深入阅读和深度思考。当然，考虑到学生语言水平不同，教师可以为学生提供一定的语言支持。该教材为语言水平

偏低的学生提供了一些语言支持（Thaler & Rademacher，2019：144），以使活动取得更好的效果。

Read the statements below. Choose the five that you agree with most and write them down.

Fair because ...	Not fair because ...
• It's very dangerous on the roof. • They knew that they weren't allowed to go up. • They're lucky that they didn't fall. • Mrs Grant was right to be angry. She's responsible for a lot of students. • Mrs Grant didn't send Dylan and Emily home. They only had to wash the floors.	• The kids only looked at the stars and sang. • They didn't do anything dangerous. • The door to the roof was open. • Mrs Grant didn't listen when Dylan tried to explain why they were on the roof. • It isn't right to tell children to clean toilets. • It would be enough to wash the corridor floors.

该教材提供语言支持的理由有两个：一是学生的知识经验不够丰富，可能想不到这么多理由；二是学生是外语学习者，即便他们想出一些理由，可能也无法用英语表达出来。该教材给出的理由能够帮助语言水平比较低的学生更好地完成评价性理解活动，并使其在思维和语言两个方面获得提升。

再比如下面这个活动（Soars & Soars，2014：42）：

What do you think?

• Who do you think is the most successful now?

• Who will be most successful in the future?

• Which teenager do you most admire? Why?

这个活动需要学生读完关于三个青少年的故事之后，对三个人物进行评价。通过讨论这三个问题，学生需要思考"成功"的标准是什么，文本的哪些细节说明谁是成功的，从哪些个人素质或行为习惯可以推断出这个青少年将会成功。在运用所读内容帮助自己评价或给出评价理由的过程中，学生可以深化对所读内容的理解。

3. 评价与反思文本的写作手法

在阅读教学中，学生不仅可以评价与反思文本内容，也可以评价其写作手法。根据文本体裁的不同，以下主要探讨如何对议论文中的论述手法和其他文本中的达意手法进行反思与评价。

（1）评价论述手法

以下面这个 PISA 阅读（Kirsch *et al.*，2002：51）样题为例：

阅读两封以涂鸦为主题的信件，不论你同意哪位作者的观点，你认为哪封信写得比较好？请根据其中一封信或者两封信的写作手法做出解释。

该题目要求学生比较两封信的写作手法，不去考虑自己同意哪封信的观点，而是评价作者论证自己观点的方式。学生需要对"什么是好的议论文写作手法"形成自己的观点并给出自己的分析。学生在完成这一活动的过程中，需要考虑作者是如何提出自己的观点的，又是如何去论证的，选用了什么样的证据，采用了哪些特殊手法；论述过程是否有理有据、条理清晰；最后又是如何得出结论的，得出的结论是否有逻辑、是否可信等。完成这一活动后，学生对议论文写作可能会形成新的理解，从而提升自己的写作水平。

第一封信如下：

I'm simmering with anger as the school wall is cleaned and repainted for the fourth time to get rid of graffiti. Creativity is admirable but people should find ways to express themselves that do not inflict extra costs upon society.

Why do you spoil the reputation of young people by painting graffiti where it's forbidden? Professional artists do not hang their paintings in the streets, do they? Instead they seek funding and gain fame through legal exhibitions.

In my opinion buildings, fences and park benches are works of art in themselves. It's really pathetic to spoil this architecture with graffiti and what's more, the method destroys the ozone layer. Really, I can't understand why these criminal artists bother as their "artistic works" are just removed from sight over and over again.

Helga

第二封信如下：

There is no accounting for taste. Society is full of communication and advertising. Company logos, shop names. Large intrusive posters on the streets. Are they acceptable? Yes, mostly. Is graffiti acceptable? Some people say yes, some no.

Who pays the price for graffiti? Who is ultimately paying the price for advertisements? Correct. The consumer.

Have the people who put up billboards asked your permission? No. Should graffiti painters do so then? Isn't it all just a question of communication—your own name, the names of gangs and large works of art in the street?

Think about the striped and chequered clothes that appeared in the stores a few years ago. And ski wear. The patterns and colours were stolen directly from the flowery concrete walls. It's quite amusing that these patterns and colours are accepted and admired but that graffiti in the same style is considered dreadful.

Times are hard for art.

Sophia

教师在指导学生评价论述手法的时候，还可以借助表格来帮助学生梳理内容，逐渐提高他们的这种评价能力。比如：

表 3.1 梳理观点

作者的观点（或论点）	观点一	观点二
1. 你是否认同这一观点？为什么？		
2. 你的个人体验和作者描述的情况是否一致？请具体描述个人体验。		
3. 作者采用了哪些方式来论证？（事实及数据、举例、引用专家的话等）	论证方式一： 论证方式二：	论证方式一： 论证方式二：
4. 这些论证方式是否有不合理的地方？为什么？		

（2）评价达意手法

在阅读理解之后，教师可以带领学生去分析评价作者表达意图的手法，这样可以帮助学生跳出文本，学习写作技巧，并将其迁移到自己的写作中去。以本书第 141 页阅读文本 The man who sold his wife 为例。该文选自英国小说家托马斯·哈代创作的长篇小说《卡斯特桥市长》(*The Mayor of Casterbridge*)。内容讲述的是主人公 Michael Henchard 醉酒之后将妻女公然拍卖的故事。这一选段手法细腻，人物形象跃然纸上，非常具有画面感，人物的内心情感及其变化也通过文字有力地传达给了读者。

我们可以关注从 "'Five guineas,' said the auctioneer. 'Do anybody give it? The last time. Yes or no?'" 到文本结尾这部分内容。这部分文字描写了 Michael、他的妻子、水手，还有围观的人群。每个人物都有各自的形象和心理特征。

关于水手的描写为 "The sailor hesitated a moment, looked anew at the woman, came in, unfolded five crisp pieces of paper, and threw them down upon the table-cloth. They were Bank of England notes for five pounds. Upon these, he chinked down the shillings severally—one, two, three, four, five." 水手在喊出价格之后，先是"犹豫"了一下，"再次看向女人"，然后展开五张纸币扔到桌上，并在纸币上压上了五个硬币。水手并没有说话，但作者通过 hesitate、look、unfold、throw、chink 这几个词表现出水手丰富的内心变化。他最初可能是冲动地脱口而出喊出价格，到犹豫，再到最后下定决心，这个变化过程读者是能感觉到的，同时，他给钱的方式也体现出自己最后的决心。其中的 chink down the shillings severally 和鲁迅先生描写的孔乙己对柜里说，"'温两碗酒，要一碟茴香豆。'便排出九文大钱。"中的"排"字有异曲同工之妙。作者的用词非常准确，有助于刻画人物形象。

另一方面，Michael 看到钱之后又受到妻子的话语刺激，变得非常冲动，作者通过 "He took the sailor's notes and deliberately folded them, and put them with the shillings in a pocket with an air of finality." 对动作的夸张描写，表现出他要告诉围观者自己决不食言，最终将妻女当做商品一样出售了，也开启了他的人生悲剧。

Michael 的妻子开始还劝他别再开玩笑了，说明她还是愿意维持这段婚姻的，但在看到他的表现之后，"She paused for an instant. Then, dropping her eyes again and saying nothing, she took up the child and followed him as he made towards the door. On reaching it, she turned, and pulling off her wedding-ring, flung it in the hay-maker's face." 这里面的 pause、drop her eyes、say nothing、turn、pull off、fling 等一系列连贯动作表明，她的内心翻起了巨大的波澜，难以言表的震惊、失望、屈辱、悲哀都在这段描写中表现得淋漓尽致，她对 Michael 彻底失望，决绝地离去，而读者也感同身受。

作者对围观群众的描写也相当细腻，"All eyes were turned." 这个句子里被动语态的使用相当巧妙，描绘出围观群众的眼神像是被线牵着一样，齐刷刷转向门口传来声音的地方。"Their eyes became riveted upon the faces of the chief actors, and then upon the notes as they lay, weighted by the shillings, on the table. The lines of laughter left their faces, and they waited with parted lips." 这一段生动地描绘出人们眼神的流转、脸上笑容的消失以及张大的嘴巴的样子，让读者仿佛身临其境。作者文笔细腻，人物刻画入木三分。教师可以在读后邀请学生就作者的表现手法进行讨论，通过 "What kind of people are the four characters? What do you think of these four characters? Why do you have such feelings? What description do you like best and why?" 等一系列问题引导学生关注作者的遣词造句以及描写角度，从而形成可迁移的结构化知识，用于自己的写作中去。

3.2 对主题的拓展延伸

对主题的拓展延伸指学生围绕主题开展探究活动，从而对主题产生更全面的了解，也指学生顺着文本的思路展开想象，丰富文本后续内容。

1. 续写/续说

将故事后续会发生的情节用口头或笔头的方式表达出来，是延伸主题最常见的一种活动形式，也是将语言输出与输入紧密结合的方法。王初明（2012，2021）指出，读后续写具有以下优点：

（1）释放学生的想象力，培养创新思维能力。在理解文本的基础上构思续写内容要求学生必须发挥想象力，这有助于发展学生的创新思维能力。

（2）理解与产出紧密结合，提高外语学习效率。对文本内容的充分理解是续写的前提，续写又是文本内容的创造性模仿产出，协同效应佳。

（3）与阅读材料及其作者互动，在语篇中理解和产出语言。语篇提供了语言使用不可缺少的恰当语境，为了保持写作风格的一致性，学生在续写时需要不断回读原文，加深对内容以及语言知识的理解。

（4）输入材料有助于学生自我纠错，创造性模仿和使用语言。阅读材料提供了正确使用语言的样板，有助于提升学生语言使用的准确率。同时，学生在续写时可以模仿和运用新学到的词语及句型。

鉴于此，如果原文本身是开放式结局或者有缺失的情节，那么教师可以组织读后续写或续说活动，让学生想象后面的内容。例如，在故事类阅读文本中，由于篇幅限制或者其他原因，作者一般不会把所有情节都一一交代清楚，而且会设置开放式结尾，这就给教师的阅读活动设计提供了机会。以下面这个活动为例（Thaler & Rademacher，2019：77）：

Continue the story.

Choose a) or b). Write:

a) a text (100—150 words) about Philip from the time he leaves Tiffany to the time he gets back with the vet.

b) a dialogue between Tiffany and Philip back at the riding centre.

在这个故事中，作者没有交代 Philip 离开 Tiffany 之后发生了什么。在他带着兽医回来之前，他去了哪里、做了什么、见过谁、说过什么话等，学生是一无所知的。如此，教师便可以组织学生推断后续可能的情节。同样，作者也没有交代 Philip 和 Tiffany 见面之后说了什么。也许作者认为这些情节不重要，但这些空白处恰恰是阅读活动很好的切入点。学生在理解全文的基础上合理拓展相关情节，既加深了自己对于文本的理解，也发展了想象力与创造力。由于每位学生延伸出的情节的细节不尽相同，因此这类读写结合活动会极大地刺激学生的阅读兴趣和学习兴趣。

2. 对主题的拓展探究活动

学生从所读文本中挑选自己感兴趣的一处内容，可以是一个观点，也可以是一个事件，还可以是一段评论等。然后，他们就这处内容，通过互联网、图书馆等途径查阅相关资料，整理出有价值的信息，并针对这个内容展开研究，完成读后写作任务。比如，有位学生在读完《80 天环游地球》（*Around the World in 80 Days*）之后，对主人公所乘坐的交通工具特别感兴趣。于是，他整理了小说中提到的所有交通工具及其使用的时间、地点和方式等，然后去查阅相关历史时期的资料，了解各种交通工具的外观以及在当时的发展状况，完成了一份完整的调研报告。学生在完成这样的探究活动的过程中，既满足了自己对于主题的好奇，又提高了搜集、整理、写作等技能，还提升了思维能力。

如果学生没有太多想法，教师也可以给学生布置一个小的研究项目，让他们去探究。比如在 *New Headway*（Soars & Soars，2014：74）中，有一篇文本介绍了两位"活在过去"的英国人物，一位喜欢维多利亚时期，一位喜欢20 世纪 50 年代，他们都把自己的家装修成那个时代的样子，自己的生活方式也保持着那个时代的风格。教材编者要求学生在完成阅读后挑选出自己喜欢的特定历史时期展开研究并汇报自己的研究结果："Choose a past time which interests you. Research it and present your findings to the class."。这样的任务既结合了所学内容，又考虑了学生的兴趣，能够有效地激发学生对主题的拓展研究。

3. 换位思考类活动

对主题的拓展延伸还包括发展学生的多角度思维能力，让学生学会从多个角度看问题。无论是故事类还是议论类的文本，作者展现给我们的视角都是特定的。在学生理解了这一特定视角下的文本意义之后，教师可以请他们换位思考，看看换成另一个人的视角来叙述同一个问题是否会有不同。通过这样的换位思考，学生可以更好地理解故事中各个人物的做法，对这一主题也会有更深刻的理解。比如，在《灰姑娘》的故事中，灰姑娘的继母常常被贴上"坏人"的标签，假如教师让学生站在继母亲生女儿的角度来看待她的所作所为，学生可能就会理解继母其实是在竭尽所能地保护自己的女儿并为自己的女儿创造最好的条件。

再比如，学生学习了关于代沟的文本后，教师可以组织学生就某个问题（比如是否同意孩子拥有自己的电脑和手机，是否同意孩子在高考时自己选择学校和专业等）进行一场特殊的辩论：

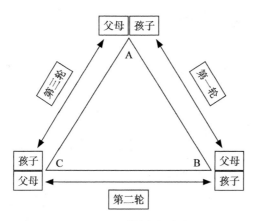

图 3.1 三轮辩论活动

在这个活动中，学生三人一组，第一轮辩论由 A 和 B 完成，A 为孩子辩护，B 为父母辩护。第二轮由 B 和 C 完成，B 为孩子辩护，C 为父母辩护。第三轮由 C 和 A 完成，C 为孩子辩护，A 为父母辩护。通过这三轮辩论，每个学生都有机会分别从父母和孩子的角度去看待问题，从而能够更好地理解双方的出发点和矛盾焦点，形成对文本内容更全面、深刻的理解。

下面这个活动（Thaler & Rademacher，2019：49）也是一种换位思考类活动。活动 a 要求学生从 Emily 或 Dylan 的角度写出对对方的看法。教师一般会邀请学生对故事里面的人物进行评价，而这个活动却巧妙地提出了一个新的视角，即以故事里的人物的视角去评价另一个人物。虽然看似只变化了一点点要求，但该活动能让学生换位思考，从而做出不一样的评价。活动 b 要求学生从三个不同人物的视角来重写故事，也就是说 Dylan、Mrs Grant、Mr Smart 三个人眼中的故事应该是不同的。

a) Imagine you're Emily or Dylan. In four or five sentences, write about what you think about the other person.

b) Imagine you're Dylan, Mrs Grant or Mr Smart. Write one part of the story again from that person's point of view.

学生通过尝试创作三个版本的故事内容，加深了对故事主题的思考，发展了自己的想象力和创造力。

3.3 对内容的联想应用

对内容的联想应用主要指学生将所读内容与自身实际相联系，或应用所读内容解决问题等。

1. 将文本内容与生活实际相联系

学生从文本中读到的内容有时候可能与自己的生活经验一致，有时候可能不一致，学生可以联系自己的生活实际来谈论所读内容。比如，学生读了一篇关于荷兰阿姆斯特丹白色共享单车的文本，教师可以让学生联系中国共享单车的发展状况及现状来谈谈对共享单车的看法。共享单车在阿姆斯特丹遇到的问题在中国是否也遇到了？中国共享单车出现了哪些阿姆斯特丹共享单车所不曾遇到的问题？通过这样的联想，学生不仅更好地理解了文本的意义，而且对中国共享单车的现状及发展有了自己的思考。

此外，教师可以设计活动，鼓励学生将阅读内容与生活实际相联系。例如，在阅读完两个学生在班级出游期间，因坐在入住酒店楼顶的露台上聊天，被老师发现而受到处罚的故事后，学生需要联系自身情况展开思考（Thaler & Rademacher，2019：49）：

If your teacher found you on the roof of your hostel on a class trip, how would you explain why you were there?

这个活动让学生思考，如果是他们自己被发现了，他们会如何跟老师解释这件事情。为了回答这个问题，学生需要了解文本的细节，知道这件事情的前因后果，还要联系自身生活经验，思考如何解释最为合理、最能让老师接受，从而避免受处罚。

2. 将文本内容用来解决新问题

有些文本内容是可以迁移应用的。教师在设计这类文本的读后活动时，可以给学生设置一个情境或问题，让学生运用从文本中学到的方法去解决问题。比如，一篇关于流行病的课文介绍了人类历史上几次影响较大的流行病，包括禽流感、SARS、埃博拉等，以及这些流行病对人类造成的危害。学生通过阅读课文，可以对流行病的成因有正确的认知。在读后阶段，教师可以引导学生应用这一认知，探讨当我们再遇到新的流行病时，可以采用文中提到的哪些方法去进行原因调研与分析，如何正确认识和对待流行病。还比如，学生读了一篇关于校园霸凌的文本，里面有一些关于如何应对校园霸凌的建议。教师可以设定一个情境，让学生利用文本中的建议，提出具体的解决方案。再比如，学生读了一篇关于人类记忆的文本，教师可以给学生一个真实的任务，如记一些单词或记一篇短文等，让学生依据文本中对人类记忆特征所做的分析以及提出的记忆策略，为记忆单词或短文提出一个具体的方案。我们曾经听过一节课，该课的主题是人们在网络社区使用的头像的特点。教师设计的读后活动之一是请学生为李白、莎士比亚等人物设计微信头像。学生对于完成该活动表现出了极大的兴趣，他们不仅积极思考了这几个人物的性格特征和取得的成就，而且再次认真阅读了文本中介绍的设计头像的原则。在这个过程中，学生内化并应用了所学知识，教师取得了不错的教学效果。再者，有一位教师在讲授了关于广告特点的文本之后，请学生为农民滞销的一些农产品设计合适的广告，帮助农民推销农产品，并向同学介绍他们的广告设计理念（这里会用到刚刚学习的语言知识）。学生在这节课上不仅学习了有关广告的知识，还利用这些知识帮助他人进行了广告设计，获得了很大的成就感，语言学习的效果也是不言而喻的。

总之，教师需要根据文本的内容和特点来设计合适的活动，让学生能够有效地应用所读内容，在解决问题的过程中进一步内化所读内容和语言知识，提高自己解决问题的能力。

读后活动总结

读后活动在整个阅读教学中起着重要的作用，教师应该尽量避免仅采用回答几个问题的方式草草结束阅读教学。希望教师能够重视对读后活动的设计，注重对学生创新思维和思辨能力的培养，为他们提供高质量的读后活动，让他们获得启发并对阅读产生浓厚的兴趣。

第四章　阅读测评

测评是阅读教学无法切割的一部分，如下图所示：

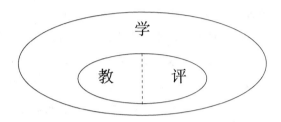

图 4.1　教学评关系图（译自 Hedgcock & Ferris，2018：306）

我们知道教学和测评是共同作用来推动学习的发生的。测评方式多种多样，只要设计得好，就可以促进学习，其功能不亚于一节好课。因此，教师要充分重视阅读测评。其实，许多阅读活动本身也是测评的一种方式，比如回答问题、理解文本大意、推断词义、分析文本结构等。这些活动其实就是在检测阅读和教学的效果。为了帮助教师系统地理解阅读测评，本章将阐释阅读测评的多重目的、阅读测评设计的基本原则以及开展阅读测评的具体方法。

4.1　阅读测评的目的

根据测评的目的以及测评与教学的关系，测评可以分为三类（Black & Wiliam，2009；Earl，2013；Shepard，2000）：对学习的测评（assessment of learning）、促进学习的测评（assessment for learning）和作为学习的测评（assessment as learning）。

受行为主义学习理论以及成就测评的影响，对学习的测评强调依据客观标准对学生的学习结果进行客观、精确、标准化的测量（Shepard，2000）。在这类测评中，教师占主导地位，评价侧重数、量和价值，关注学习结果，具有总结性，常常用于甄别、选拔和认证。

促进学习的测评主要受社会建构主义的影响，强调学习是在社会文化环境中由学习者主动建构的（Shepard，2000）。促进学习的测评强调的是教师在教学过程中根据学生的学习表现而做出的发展性评价，这种评价可以促进之后学生的学习和教师的教学，把测评看成是课堂教学实践的重要组成部分（Black & Wiliam，1998，2009）。与对学习的测评不同，促进学习的测评是为了明确教学活动中存在的问题和改善方式，及时修改或调整教学方案，以期更好地促进学生的学习。在这个过程中，学生不再是评价的被动接受者，而是转变为评价的主体和积极参与者，学会在测评过程中有效调控自己的学习过程（Clark，2012）。促进学习的测评在教学中无处不在，学生在完成这类测评活动的过程中需要参与课堂讨论或听他人发言等，这些都可以促进学习（Klenowski，2009）。

作为学习的测评是促进学习的测评的一个分支，进一步强化了学生在学习和测评中的主体地位，强调利用测评去发展学生的元认知和自我调控技能（Earl，2003，2013）。以下是对三类测评方式的总体对比：

表 4.1　三类测评方式的对比

测评方式	评价目的	评价主体
对学习的测评	甄别、选拔和认证	教师
促进学习的测评	诊断问题，促进学生学习和教师教学	教师/学生
作为学习的测评	发展学生的元认知和自主学习能力	学生

测评目的不同，其具体方式也会有所不同。以下是常见的几类阅读测评方式：

分班（分级）测评（placement assessments）主要用在具体情境中，检测学生在某个学习阶段的知识和技能水平，比如大学入学分班考试。

水平测评（proficiency assessments）主要用来评价学生的整体水平，比如托福和雅思考试。

诊断性测评（diagnostic assessments）主要用在某个课程开始的时候，用来评价学生与这门课程相关的知识能力方面的现状，以帮助教师更好地了解学生的强项和弱项，从而更有针对性地规划课程内容。以阅读课为例，诊断性测评评价的是学生快速阅读的能力、捕捉文本大意的能力以及获取关键信息的能力等。

进步测评（progress assessments）与课程内容紧密相关，主要用来评价学生在学习过程中的进步和变化。测评方式既可以是正式的考试，也可以是平时的各种考核方式，比如小测验、练习和作业、阅读笔记、阅读档案夹、基于阅读的探究类项目、课堂汇报以及课堂讨论等（Hedgcock & Ferris，2018）。基于这些测评信息，教师可以及时了解学生的学习状态和成效，给予学生反馈，使学生了解自己的进步和有待进一步努力的方向，提高学生学习的积极性。

成就测评（achievement assessments）指终结性考试，主要评价的是学生在一个单元或一门课程结束的时候所掌握的知识和技能。成就测评和进步测评有一定的重叠。

综上所述，不同的测评类型有不同的评价目的，教师需要根据教学目的、教学内容、课程目标等在阅读课堂中选择合适的测评手段，设计可行的测评方案。

阅读测评的重要目的之一就是有效检测学生的阅读能力。那么，阅读测评想要评价的阅读能力到底包含哪些呢？Grabe（2009a：357）提出以下方面：

1. 阅读流利度和阅读速度；　　2. 识别单词含义的速度；

3. 信息搜索能力；　　4. 单词知识；

5. 词法知识；　　6. 句法知识；

7. 语篇知识；　　8. 获取大意的能力；

9. 细节记忆能力；　　10. 推断能力；

11. 信息处理能力；　　12. 概括大意的能力；

13. 整合能力；　　14. 评价和批判性阅读能力。

教师在进行阅读测评时，需要考虑如何针对不同的教学目的以及不同能力的学生设计测评活动，如何组织不同水平的学生进行评价，如何利用正式的考试和平时的形成性评价来全面评价学生的阅读能力等，我们会在4.2节和4.3节进一步展开介绍。

4.2　阅读测评的原则

阅读教学的理念已经从结果导向转向过程导向（Afflerbach *et al.*，2018），教师在阅读教学中不应仅仅在读后考查学生的阅读理解能力，而更应该关注在阅读过程中对学生的指导。然而，当前的阅读测评还是以大规模、高风险考试的终结性评价为主，多采用选择题的形式考查学生的阅读能力，且强调对学生宏观能力的测评（Alderson，2000；杜文博、马晓梅，2018）。虽然这种方式有助于评价某一教学方法是否达到了预定的教学目标，也能在一定程度上帮助学生明确自己的整体水平，但是仅仅采用这样一种方式不太适合用来诊断学生在日常阅读方面的强项和可能面临的困难，也不利于教师更全面地了解学生的阅读过程，更不利于培养学生自主、独立阅读的能力。因此，有学者建议，好的阅读测评应该是既关注阅读过程也关注阅读结果，指向阅读理解的过程和阅读策略的使用。换言之，好的阅读测评评价的是学生获取信息、处理信息、存储信息的综合能力（Hedgcock & Ferris，2018：306），而且好的测评能帮助学生成为更好的阅读者（Afflerbach，2016，2017）。总体而言，阅读测评需要兼顾以下几个方面（Afflerbach *et al.*，2015）：

1. 对阅读过程的评价和对阅读结果的评价；
2. 对阅读策略和技巧的评价以及对阅读内容的理解和运用的评价；
3. 对阅读策略和技巧的评价以及对高阶思维的评价；
4. 对单篇文本理解的评价和对多文本理解的评价；
5. 对影响学生阅读能力发展的认知能力、情感因素等方面的评价；
6. 形成性和终结性阅读评价；
7. "考"学生和学生"自评"；
8. 对课内阅读和课外阅读的评价。

教师想要在阅读测评中平衡好以上几个方面确实不易，但这是教师努力的方向。如果教师试着去这样多方位、多角度、多层次地设计阅读测评，就能够更好地了解学生的阅读水平、阅读困难、阅读兴趣等，从而调整教学手段，为学生提供更有效的脚手架，让他们成为更好的读者，也让他们为自己的未来做好更加充分的准备。

　　无论哪种阅读测评，都涉及评价标准的制定。既然阅读教学是过程导向的，阅读测评的评价标准也要考虑针对学生在阅读中的表现（即学生展现出的阅读能力）展开评价，这样，评价的结果能够被用来改善阅读教学和学生学习，做到教学评一体化（Hedgcock & Ferris，2018）。以《欧洲语言共同参考框架》（*Common European Framework of Reference for Language*）中的阅读评价标准为例，其描述的是读者能做什么：

- A1 我能读懂通知、布告和产品目录单中的常用名词和简单句子。
- A2 我能阅读非常简短的文本。能在广告、宣传手册、菜单和时刻表等日常阅读材料中找出可预知的特定信息。能读懂简短的私人信件。
- B1 我能读懂主要用日常语言写的文本或者是与自己的工作有关的文本。能读懂私人信件中讲述事情、情感和愿望的内容。
- B2 我能阅读有关当代问题的文本和报告，其中的一些作者立场独特，有一定的思想。我能看懂现代散文体的文学文本。
- C1 我能看懂长篇、复杂的写实性或文学性文本，并能鉴赏其不同的文学风格。我能看懂专业论文和篇幅较长的技术说明书，即使内容不属于本人的专业领域也无碍。
- C2 我能轻松阅读各类文本，无论其内容和形式是抽象的还是复杂的，如教材、专业论文或者文学作品等。

　　这个评价标准里不仅包含了对文本字面意义的理解，比如读懂单词和句子的意思；也包含了对文本隐含意义的理解，比如读懂情感和作者立场；还包含了对所读内容的评价，比如鉴赏风格等。依据这样的评价标准设计的阅读测评活动，评价的是学生的阅读能力，一方面可以检测教学效果，另一方面也可为今后的教学指明方向。

　　再以 PISA 的阅读评价标准为例（OECD，2019：55）：

表 4.2　PISA 阅读评价标准

级别	学生能做什么
6 698 分	学生能阅读主题陌生且复杂的文本，能对复杂的信息做出非常详细而精准的推断、对比和比较，体现出他们对一个或多个文本精准、全面、深入的理解，并能做到融会贯通，能对文本做出批判性评价并对文本形成深度理解。
5 626 分	学生能阅读内容和体裁都不熟悉的文本，能从文本中挖掘许多隐含的信息并判断哪些信息与主题相关，能全面理解所读内容，能对文本做出批判性评价，能处理矛盾信息等。
4 553 分	学生能准确理解长篇或复杂的文本，能挖掘隐含信息并对文本做出批判性评价。
3 480 分	学生能获取大意，理解单词或短语的含义，理解细节，分析文本特色等。
2 407 分	学生能理解大意，对文本隐含的意思进行简单的推测，能和个人生活经验建立联系等。
1a 335 分	学生能阅读主题熟悉且简单易懂的文本，能判断所读文本的主题和作者的意图，能读懂信息的表层意义，能和日常经验建立简单的联系。
1b 262 分	学生能阅读简短、浅显易懂的文本，对话题和体裁也比较熟悉，能找到一两个细节并理解这些细节信息之间的关系。

* 此处仅概括了比较重要的信息，并不是对照翻译。

　　这份评价标准对阅读文本的特征，话题和体裁熟悉度，学生是否需要读懂隐含的意思、是否需要和自身经验建立联系、是否需要做出批判性评价、是否需要跨文本建立知识体系等做出了详细的描述。可以想象，以这样的标准设定的阅读评价活动也同样能比较全面地评价学生理解信息、处理信息、评价信息的综合能力，为教学的改进提供数据支撑。

　　课堂测评作为评价学生学业进步的基本组成部分和核心实现形式，在阅读教学中具有极其重要的地位（Afflerbach, 2016；Afflerbach *et al.*, 2018）。教师在设计课堂测评方式的时候也可以参考以上标准，关注对阅读过程和阅读能力的表现的测评，思考如何有效检测教学效果、学生的已知信息和已经学会的内容，以及课程目标的达成情况。无论是课堂阅读任务、课后作业，还是探究式任务或阅读笔记，教师都要事先计划好细节、具体要求及评价标准，必要时可以梳理这些测评活动所覆盖的阅读能力点，做到内心清楚、目的明确。除此之外，教师以测试的方式来检测学生的阅读效果时，还应考虑这种方式可能给学生带来的心理压力以及文本特点，如文本体裁、题材、长难度等对测评效果的影响。

通过测试去了解学生在阅读过程中的长处和不足，及时调整教学方法以提高学生在实际生活中的阅读能力是阅读测评的重要目标之一（Afflerbach，2017）。因此，阅读测试文本应该能反映学生的实际阅读需求，而且应取自学生将来可能读到的各种真实阅读材料。比如，测评学生的学术阅读能力，文本应选自学术英语材料；测评学生日常生活中的阅读能力，文本则可以选广告、对话或书信等。很多类型的阅读材料都可用做阅读测试文本，包括杂志文本、报纸文本、学术刊物、书信、时间表、广告、指南、诗歌、路标等。这些类型也可以进一步细分，如报纸报道、报纸广告、报纸社论等。教师不能仅仅为了图方便而重复地使用一种文本类型。另外，所检测的阅读能力也要接近学生在实际生活中需要的能力，比如扫读、略读、比较、推断等。

设计阅读测试必须考虑的因素之一就是背景知识（Carr，2011；Grabe，2009b）。阅读时，我们如果了解该文本的背景知识，就能更容易、更完整地理解文本。假设给中国大学生阅读两篇文本，一篇是关于板球的，另一篇是关于篮球的。由于不少中国学生对板球知之甚少，因此他们很难理解文中关于板球运动的描述；而篮球在中国很受欢迎，所以他们很有可能更容易理解关于篮球的文本内容。因此，教师应避免选择学生非常熟悉或非常不熟悉的文本。如果学生对一篇文本的背景知识相当了解，即便他们不理解该文本，也有可能做出正确的回答。相反，如果他们对阅读文本的背景知识一无所知，即使他们的阅读能力很强，在理解文本并做出推断时也会遇到相当大的困难。所以，教师应确保学生对所选择的阅读文本的背景知识的了解水平相当。

教师在出题时还需考虑文本的难易程度。文本既不能太难，也不能太容易。阅读文本的难易程度应该大致跟学生的水平一致。文本难度应既能激起受试者的阅读兴趣，又不会使他们过度兴奋或担忧。然而，难易程度不是简单的问题。如前所述，对于一篇难度很大的文本，如果学生对其背景知识相当了解，他们也能够较容易地理解该文本。此外，一份试卷中阅读文本的难易程度可以逐渐递增或者难易混搭。

　　教师也应考虑文本长度。文本长度取决于学生的平均阅读速度。文本长度应该适中并根据要测试的阅读技巧做出相应的变化。文本越长，学生需要处理的语言输入量就越大。比如，Alderson（2000）认为阅读测试文本的长度应为150—350词。刘润清、韩宝成（2000）指出，阅读测试文本的单篇长度为200—500词比较恰当。高考英语阅读理解第一节所提供的4篇短文内容不少于900词，即每篇平均长度不少于225词（黄丽燕、王嘉樱，2020）。大学英语四级考试阅读理解的语篇为3短1长，3篇短的长度为200—350词，1篇长的长度约1000词。大学英语六级考试阅读理解的短篇长度为250—450词，长篇长度约1200词（全国大学英语四、六级考试委员会，2016）。再比如，要测试查读技巧，文本的长度就应该比较长一些，否则学生不需要调动查读技巧就能获取信息，这样考查的就不是查读技巧了。

　　综上所述，理想的阅读测试材料在内容、体裁、难易度、长度等方面都应当类似于学生曾在教科书和学校作业中遇到过的那种材料，阅读任务则应该与学生在现实生活中所做的阅读任务相似。如果教师出题时忽略了选材的适用性，那么就有可能降低测试的信度（魏林，2000）。因为对部分学生来说，在阅读测试中没有取得理想的成绩，并不是由于语言能力妨碍了对文本的正确理解，而是由于文本所涉及的内容大大超过了他们所拥有的专业知识和常识以及阅读能力。如果教师出的阅读题考查的不是提取信息、比较、分析、推断等这些阅读技能而是记忆能力，那也不能很好地实现测试目的，不能客观检测出学生的阅读水平，更无法为阅读教学的调整提供有效信息。

4.3　阅读测评的方式

　　阅读测评的方式大致可以分为两种，一种是封闭式、有标准答案的，另一种是开放式、建构式、无标准答案的。在答案可控类测评方式中，有我们非常熟悉的选择题、判断对错题、填空题、配对题、简答题（简答题既可以是封闭的也可以是开放的，取决于提问方式）等，许多学者都对这些题型进行了详细的介绍（Cain & Oakhill，2006；魏林，2000）。教师在设计此类阅读测试时应全面考虑各个相关因素。首先，教师应对阅读的本质有全面的理解。其次，文本的选择应该适合学生的英语水平。最后，题型设置尽可能多样，应确保一份试卷中至少有两种题型。题型的选择取决于阅读文本的类型、内容和学生的水平。即便是封闭式阅读题，教师也有一定的创新空间，可以增加这类题目的趣味性或挑战性。以下面这种题为例（Hedgcock & Ferris，2018：337）：

任务：下面这段文字的每一行都有一个错误。请在错误内容下面画线，然后在此行右边的横线上写出正确答案。第一题答案已给出。

As Early <u>Man</u> language and toolmaking skills gradually advanced,　　1. <u>Man's</u>
brain size and specialization accelerate. Our ancestors who learned to　　2. _____
use language began to work together in hunting groups, when　　3. _____
helped them surviving drought and famine. Sex-specific social roles　　4. _____
evolved further as well. Males specialized to hunting, and those males　　5. _____
with more better visual and spatial abilities (favoring the right brain)　　6. _____
had the hunting advantage. Our female ancestors took by the role of　　7. _____
caring for offspring, and those with more developing language skills　　8. _____
(left brain) were probably more nurturing to his offspring, so those　　9. _____
offspring were more likely survival.　　10. _____

Key: 1. Man's　　2. accelerated　　3. which　　4. survive
　　　5. in hunting　　6. delete "more"　　7. took on/up　　8. developed
　　　9. their　　10. to survive

　　这道题作为改错题，比较简单的做法是画出错误的地方，然后直接让学生改错。但出题者稍加改变，让学生自己找到错误的地方并予以改正，就增加了这道题的挑战性。学生不仅需要相应的语法知识，还需要相应的语篇知识，这样才能在读懂文本的前提下，找出并改正错误。如果教师把它改编为填空题，即在文本中挖空并画出横线，让学生填写，这样就比改错题的难度更高，因为学生不仅需要理解文本，还需要从自己的头脑中调取相关语言知识并用合适的形式填空。如果将其再稍加变化，即从文本中删去一些信息，但并不标示出来，而是请学生自己去判断每一行缺失了什么信息并将其在相应地方补充完整，这样就又提高了题目的难度，也能更为全面地考查学生的阅读理解能力。因为此

时，学生需要自己判断文本的逻辑是否通顺、信息是否完整，这就需要调动他们的高层理解能力和高阶思维能力。

对选择和配对的题目稍加改编，也可以使之考查的阅读能力更为全面。比如，我们常见的七选五的阅读理解题就是典型试题。看上去学生好像在做完形填空题，只不过填的不是单词而是句子，实际上学生需要根据语篇特征和主题意义理解句子与句子之间的关系，而这是比较难掌握的阅读技能。另外，七个选项中有两个干扰项，这就对学生的分析推理能力提出了更高的要求。因此，这类题目虽然也是封闭式的，但对学生的思维提出了更高的要求。再比如PISA 2018 给出的样题（OECD，2019：69-70）：第一个问题就是一道普通的选择题（见图 4.2），第二道题虽然也是选择题（见图 4.3），但它要求学生不仅要读懂第一道题里的文本内容、理解作者观点，还要读懂第二道题里人们的评价，并将两个文本的内容整合在一起，从而推断出评论者和原作者的观点之间存在哪些异同。这种跨文本的理解和整合信息能力，也可以通过选择题来进行考查。

Annex Figure 2.B.2. Task 2. Scanning and locating (single text)

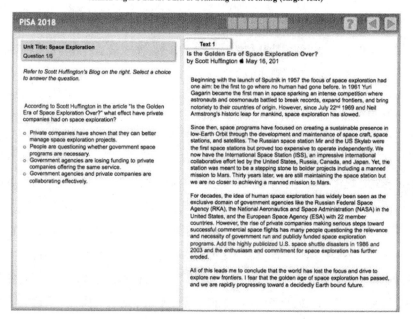

图 4.2 PISA 样题 1

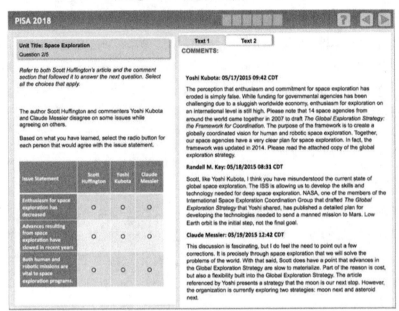

Annex Figure 2.B.3. Task 3. Multiple text inference

图 4.3　PISA 样题 2

下面将重点介绍开放式阅读测评活动的设计。这类测评活动需要学生自行组织语言来完成，短的可能几句话，长的可能是一篇小短文。其评价标准也比较复杂，评价过程中的主观性也会稍强一些。

1. 翻译

翻译能在一定程度上反映外语学习者的阅读能力，因为学生用来表达意思的中文可能千差万别，所以这种考核方式有一定的开放性。一般来说，这类试题的形式是提供一篇文本，要求学生在规定时间内读完全文并将文中画线部分的句子译成中文。不可否认，学生如果能将这些句子译成合适的中文，那么他们的阅读能力是显而易见的。但是，我们也应该注意，如果只是翻译文中的几个句子，并不一定能够全面检测学生的阅读能力，部分学生可能因为自己特定的知识和生活体验而"幸运"地正确理解了句子的意思。再者，学生可能会正确理解文中某个句子或片段的意思，但并不理解句子的含义或其在表达文本主题上所起的作用。有些学生甚至可能无需通篇阅读选文也能够准确地译出画线部分的句子。此外,有些学生因母语文字表达能力较差,虽然正确理解了测试项,但却不能完全准确地表达出来(魏林,2000)。因此,教师在采用翻译作为阅读测评方式的时候,需要考虑句子的选择是否合理,有时可以增加段落翻译甚至全文翻译。

2. 信息转化

我们在读中活动部分介绍过"信息转换方式"的概念及形式,它同样适用于阅读测评活动设计。比如,教师可以让学生在读完一篇文本后提取里面的信息并完成图表,图表中需要的信息可能是人名、地名、时间、数据、事件等。需要注意的是,这样的测评方式要尽量避免封闭式的填空题型,如果仅仅填一个与文本一模一样的单词或短语,那么就不属于开放式试题。开放式试题要求学生对文本的信息进行一定的加工,然后用自己的语言来完成信息转化任务。此外,教师需要注意的是,在完成这类测评活动时,要通过一些手段控制学生给出的答案长度。比如,空出的横线长度可以暗示答案的长度,或者可以明确给出字数要求等(Urquhart & Weir,1998)。这样做的好处是可以让学生言简意赅地完成任务,减少写作的压力。再比如,学生在阅读文本之后完成记笔记或建构出文本的结构图等任务,这些都是考查学生信息加工能力的有效测评方式。

3. 简答题

简答题要求学生在读完一篇文本后回答问题,目的是检测学生对文本内容的理解,尤其是深层次理解(Cain & Oakhill,2006)。简答题的答案可能是一两句话,也可能是一小段话,教师可以在题干中对字数提出具体要求。比如,用一句话概括大意或答案不超过 50 个单词等。教师可以就文本隐含的意义、事件发生的顺序、总结大意等设计简答题,这类题目往往要求学生通读上下文,并对其进行一定的梳理、比较和分析,这样就有效避免了猜出答案的可能性(Urquhart & Weir,1998)。比如下面这道题(OECD,2019:71,见图 4.4):

Annex Figure 2.B.4. Task 4. Evaluating and reflecting

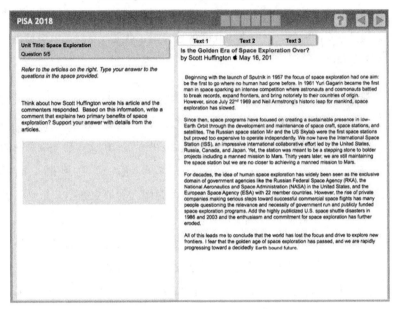

图 4.4　PISA 样题 3

这道题是基于前面我们引用过的关于宇宙探索的阅读文本设计的，在第 2 题（见图 4.3）中学生读了三段评语，而这道题是要求学生自己写一段评语。从学生的这段评语中，教师可以清晰地了解到学生是否读懂了文本，是否掌握了写评语的方式，是否能够有效利用文本细节内容为自己的评语服务。这样的简答题可以比较全面地考查学生的阅读能力。教师还可以对学生出错的地方进行分析，找到理解不准确的原因，发现教学的空白点（Cain & Oakhill，2006）。简答题的出发点是读写结合，教师给出问题，引导学生围绕所读文本展开思考，然后将自己的思考表达出来。需要注意的是，这种测评方式也有其局限性。学生表达得不理想，可能并不代表他们没有读懂，而只是因为写作水平不够高。因此，题目的设计和评分标准的制定就显得尤为重要。题目的指令需要具体而清晰，制定评分标准需要把内容和语言分开评价。这样，教师从测试结果就能比较清楚地看出学生出错的原因是在阅读理解上，还是在语言表达上。

4. 阅读日志

阅读日志主要指学生在阅读前、阅读中和阅读后都可以写的日志，记录自己在阅读过程中的所思所想。如果是读后写，就是我们常说的读后感。教师既可以在平时将其作为家庭作业，算做形成性评价的一部分，也可以将其作为终结性阅读测评的一种题型。如果是平时作业，那么教师在批阅的时候除了给出整体得分外，最好还能给出自己的点评。这样，学生可以明确地知道自己今后努力的方向。如果是作为一种测试题型，那么教师需要把指令说清楚：有时候可以是一个问题或小的任务，比如，"你从这篇文本中学到了什么""选出这篇文本中你最喜欢的三个片段并说明理由""这篇文本有什么不合理的地方，为什么，你有什么修改建议"；有时候可能是比较有挑战性的任务，比如，"请从主人公朋友的角度重写故事""请你为故事续写结局"。

5. 阅读档案袋

档案袋是越来越得到广大教师认可的一种评价方式，主要由学生选择最能代表自己学习成果的作品来展示自己的进步和收获（Hedgcock & Ferris，2018）。与测试卷相比，档案袋更加关注学生的学习过程，不仅可以让教师从学生作品质量的变化中了解学生的变化和学习效果，而且可以让学生积极参与评价，有利于培养学生的反思能力和自主学习能力。学生在思考和选择放入档案袋的作品时，也是对自我的一次评价。具体到阅读档案袋，学生选择的作品可以是所有与阅读相关的成果，可以是本书所介绍的一些阅读教学活动的成果，也可以是阅读测评活动的结果，包含但不限于以下内容（Hedgcock & Ferris，2018：351）：

- 自我评价表、阅读策略评价表、课外阅读记录表、阅读速度记录表、阅读反思表等；
- 试卷和小测验；
- 概述（草稿和修改过的版本）、阅读感想、读书报告、作文等；
- 项目研究报告；
- 家庭作业和平时练习；
- 阅读笔记或课堂笔记等；

- 课堂汇报或表演的视频或音频；
- 创意写作，包括故事、短剧和诗歌等；
- 与所读内容相关的图片或照片等。

阅读测评方式的设计具有很强的科学性和艺术性。如何才能客观、全面、有效地达到测评目的，是值得教师深入研究的一个课题。每种测评方式都有其优点，也有其局限性。在实践中教师应该不拘一格，对各种方法取长补短、灵活应用，也可以将它们结合起来使用，这样才能客观地了解学生的阅读能力，改进和提高阅读教学。

第二部分

阅读教学与思维培养

第五章　思维的培养

思维，虽然看不见、摸不到，却是实实在在存在的，而且在人的成长过程中扮演着非常重要的角色（刘道义，2018）。培养学生的思维、提升思维品质是教育的重要目标。随着英语学科核心素养（教育部高等学校教学指导委员会，2018）及新文科建设的全面推进（吴岩，2019），英语教学越来越重视思维的培养，尤其是思维品质的培养。为思而教、学思结合已成为英语教育的重要价值取向和培养高素质外语人才的重要举措（陈则航等，2019；葛炳芳、洪莉，2018；郭宝仙、章兼中，2017；黄远振等，2014；刘道义，2018；鲁子问等，2015）。这一章，我们将具体阐述思维、思维品质与阅读素养的关系及相关活动设计方案。

5.1　思维和思维品质

5.1.1　思维和思维品质的内涵

智力是心理学的一个重要概念。在关于智力的研究中，国内外心理学界公认思维是智力与能力的核心（林崇德，2006）。思维是指"有目的、有意识的记忆、形成概念、计划、想象、推理、问题解决、思考观点、做决定和判断并产生新观点的过程"（郭宝仙、章兼中，2017：81）。思维是人类特有的一种精神活动，是教育教学活动的主要部分，也是课堂教学中师生的核心活动（林崇德、胡卫平，2010），智力的高低层次主要体现在思维水平上（林崇德，2005）。智力的内容，是思维的对象，可以表达为分析、综合、抽象、概括、比较、系统化、具体化等（林崇德，2002）。据此我们可以说，人类个体之间智力差异的原因，主要在于其思维结构的差异（李庆安、吴国宏，2006）。林崇德（2002）提出，思维结构应当包括思维的目的、思维的过程、思维的材料、思维的监控或自我调节、思维的品质、思维活动中的非智力因素（见图5.1）。

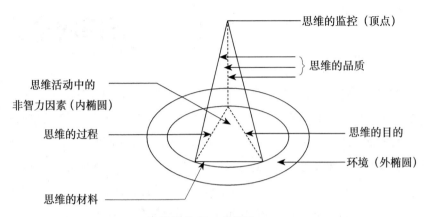

图 5.1　思维结构图（林崇德，2002：11）

　　思维的目的就是思维活动的方向和预期的结果；思维的过程可以归结为确定目标—接受信息—加工编码—概括抽象—操作运用—获得成功；思维的材料包含两种类型，一类是感性材料，包括感觉知觉、表象，一类是理性材料，主要指概念；思维的监控或自我调节包括确定思维的目的、管控非认知（即非智力）因素、搜索和选择恰当的思维材料、实施并监督思维过程、评价思维的结果并做出必要的调整等（李庆安，吴国宏，2006）；思维的认知因素即智力因素；思维的非认知因素，指不直接参与认知过程，但对认知过程起直接作用的心理因素，主要包括动机、兴趣、情绪、情感、意志、气质和性格等。非认知因素决定人的思维体验是愉快的、积极的，还是厌恶的、消极的。思维品质是思维结果的评价依据，也是智力活动特别是思维活动中智力与能力特点在个体身上的表现（胡卫平、魏运华，2010），其实质是人的思维的个性特征。思维品质是区分一个人思维乃至智力层次、水平高低的指标，是思维结构中的核心要素。思维品质主要包括深刻性、灵活性、创造性、批判性、敏捷性五个方面（林崇德，2005，2006）。具体而言：

　　深刻性是指思维活动的广度、深度和难度。在深刻性方面表现出众者会在智力活动中深入思考问题，他们逻辑性和抽象能力强，善于概括归类、透过现象抓住事物的本质和规律，并预见事物的发展进程。

　　灵活性强调思维的灵活程度。在灵活性方面表现出众者对他人的思想持开放态度，他们概括—迁移能力强，善于举一反三及综合性分析，能够全面地分析问题和解决问题（Barak & Levenberg，2016；林崇德，2006）。研究表明，具有高度灵活性思维品质的人具有极强的问题解决能力。这种思维品质也能够帮助人们迅速做出正确决策，他们没有思维定式，而是依据情况随时改变自己的策略（Barak & Levenberg，2016）。

创造性是指思维活动的创新精神或创造性特征，表现为善于发现问题并创造性地解决问题。其实质在于人们对知识经验和/或思维材料高度概括后进行新颖的组合分析，找出层次、交结点及解决方案（林崇德，2006）。Barak & Levenberg（2016）认为，创造性可以说是思维最核心的能力，无论是思维的评价能力、推断能力，还是分析能力，其核心都是要求人们能够创造性地思考问题，预见可能出现的结果，并以此为基础对事物的意义和价值进行解构和重构。思维的过程其实就是创新的过程。在创造性方面表现出众者善于发现问题并创造性地解决问题，提出新颖的、高质量的、有价值的想法或方案（Maley & Kiss，2018）。

批判性关注思维活动中独立分析和批判的程度，其实质是思维过程中自我意识作用的结果，如自我监控、反思和元认知。在批判性方面表现出众者善于在思维活动中审视、检查思维材料及思维过程，不断提升对客观世界和自身的认识。

敏捷性反映了智力的敏锐程度，即我们通常所说的反应快慢。在敏捷性方面表现出众者思考问题时往往十分敏捷，反应速度快。

思维品质的五个方面相互联系，密不可分。深刻性是一切思维品质的基础，灵活性和创造性是在深刻性的基础上引申出来的。灵活性和创造性相互交叉，互为条件：灵活性强调广度和顺应性，是创造性的基础；创造性更具有深度和新颖的生产性，是灵活性的发展。批判性也是在深刻性的基础上发展起来的，只有有了深刻的认识和周密的思考，才能全面而准确地做出判断；同时，只有不断地审视、反思和调节思维活动，我们才能更深刻地揭示事物的本质和规律。思维的敏捷性以其他四个品质为必要前提，同时又是它们的具体表现（林崇德，2005）。我们在教学过程中需要关注此五个方面，以提升思维品质培养的效果。

总体而言，思维是一个系统的结构，是智力与能力的核心（胡卫平、魏运华，2010）。作为思维结构中的核心要素，思维品质应该是教育的重要目标之一，培养学生的思维品质是发展智力与能力的突破口。思维的深刻性、灵活性、创造性、批判性、敏捷性为课堂教学中促进学生以思维能力为核心的智力发展提供了科学的理论和有效的操作方法。同时，我们也应注意到，思维品质本身没有价值取向，我们需要引导学生为了积极的目的（如更好地认识世界和提升自我）提升思维品质，而不是为了狡辩、打败对手等消极目的而提高思维品质（鲁子问等，2015）。

5.1.2　英语学科中的思维品质

学生的智力和思维最终会具体表现在各种学科能力上。换言之，思维品质与学科能力的发展密切相关：学科能力需要在思维活动中获得发展，离开了思维活动，就无所谓学科能力（林崇德，2005：25）。因此，思维品质是构建学科能力的重要方面，各学科教学需要紧抓思维品质的训练（林崇德，2006）。林崇德（2002：10）认为，"学科能力，通常有三个含义：一是学生掌握某学科的特殊能力；二是学生学习某学科的智力活动及其有关的智力成分，这种智力活动以概括能力为基础，并和思维的智力品质发生交互作用；二是学生学习某学科的学习能力、学习策略与学习方法"。

那么英语学科能力到底是什么呢？王蔷教授团队（王蔷、陈则航，2019；王蔷、胡亚琳，2017）多年来围绕英语学科能力展开了深入的研究。团队基于不同领域的研究成果，对英语学科能力的核心内涵进行了界定。从教育心理学的角度来看，英语学科能力是学生顺利进行英语学科的认识活动和问题解决活动所必需的稳定的心理特性。这种心理特性本身不可观察，需要通过一定的形式表现出来。从认知理论的角度来看，英语学科能力是以学习者学习英语的认知过程为基础的、关涉不同层次认知活动和思维品质的一个系统构念。从语言能力说的相关论述来看，英语学科能力是学习者在解决英语学科问题时所具备的一种稳定的整体能力，内嵌多项可供观察、检测与干预的关键能力要素。总体而言，英语学科能力主要指学生在学习英语的过程中，能够有效获取词汇、语法、语篇等相关知识，发展听、说、读、写技能，并能通过这些知识和能力获取信息、批判性分析和评价信息、创造性地解决问题等。

学生发展学科能力（在英语学科中，即学习者学习语言）的核心过程即其认知过程。学生在学习中经历的认知活动具有个体思维的个性特征，即思维品质。在认知理论中，布鲁姆教育目标分类学（Bloom，1956）是经典的认知分类方式。前文已经介绍过，Anderson & Krathwohl（2001）对布鲁姆教育目标分类进行了修正，得到学界的认同，即学习者的认知过程依据其涉及的思维层次或认知行为的复杂程度，由低至高划分为记忆（remember）、理解（understand）、应用（apply）、分析（analyze）、评价（evaluate）与创造（create）六大类。其中，记忆指从长期记忆中调取或辨认出相关信息；理解包含说明、举例、分类、概括、推断、比较、解释；应用指运用所学知识完成熟悉或不熟悉的任务；分析包含区分相关与不相关或主次关系、总结组织结构和语篇衔接手段、发现观点和意图；评价包括监控内部一致性、判断适切性；创造包括生成新的想法、规划设计、建构产出。

英语学科能力的研究也是以学生解决本学科问题或完成本学科任务时的认知活动为主线。王蔷、胡亚琳（2017）最终将其关键能力要素定义为学习理解、应用实践和迁移创新。各要素内涵界定如下：学习理解能力指学习者体验和参与英语语言学习的能力，以及利用英语学习学科知识和获取信息的能力；应用实践能力指学习者实际应用英语语言的能力，是英语使用者依靠并综合运用英语知识和技能开展交际、解决具有一定熟悉度问题的能力；迁移创新能力指学习者在个体知识、思维、人格等因素的共同作用下，面对新的情境，整合已有知识和信息，探究解决语言交际中的陌生问题，以及在英语学习活动中创造新颖性成果的能力。三个类别的关键能力要素又可分别细分为三项，具体指标解释如下（王蔷、陈则航，2019）：

表 5.1　英语学科能力表现框架

A 学习理解（A 级）	
A-1 感知注意	能注意到英语语言中的语音、词法、句法等语言形式和表意功能。
A-2 记忆检索	能结合主题语境，对存储在长时记忆中的英语语言知识进行检索，建立关联。

（待续）

（续表）

A-3 提取概括	能通过识别词语和句意，抓住语篇所传递的主要信息，归纳概括大意；能通过观察英语语言现象，发现并总结其特点或规律。
B 应用实践（B 级）	
B-1 描述阐释	能用英语描述或阐释图表、图形、程序/步骤，能描述个人或他人的生活方式、工作经历、情感态度及主要观点等；能用英语解释词汇、语句和图表的含义和用意。
B-2 分析判断	能根据语篇所承载的信息，比较、分析、判断人物或事物之间的关系（如因果关系、从属关系、顺序关系等）；能根据标题判断主旨，根据上下文判断词义；能根据语言的特点判断其背后隐含的意义。
B-3 整合运用	能根据语言材料所提供的语境、篇章结构、逻辑关系等特点用英语组织、合并及编排信息，整合性地进行表达；能从零散的信息中梳理信息间的关联，运用整合手段（如写作中的衔接手段、谋篇布局等）综合地表达意义。
C 迁移创新（C 级）	
C-1 推理论证	能根据已知信息合理推断人物关系、事件的后续发展和作者的情感态度；能根据语言材料中的线索、逻辑、因果关系等多重复杂的信息，推论未知信息；能用英语以事实为依据，通过说理论证并阐述论点。
C-2 批判评价	能运用理据或基于证据进行批判与评价，提出令人信服的个人见解；能理性地表达立场、情感和是非观念。
C-3 创造想象	能基于已知信息发挥想象，衍生丰富、多样的创意，如创编对话、提出新的解决方案、为故事或文段续讲/续写结尾或结局等。

　　任何一种学科的能力，都应当包含个体的思维品质，都需要在学生的认知思维活动中获得发展（林崇德，2015）。同时，不同学科在思维培养方面都有非常重要的价值，任何一门学科都对思维能力的培养具有特殊的作用（郅庭瑾、程宏，2010）。要使学生的思维能力得到全面、均衡、持久的发展，培养学科能力，教师要将思维教学渗透和体现在每一门学科知识的教学之中。这就要求

教师不仅要注重知识性内容的传授，而且要在教学中大量融入有助于启发和培养学生思维的材料，在讲授学科内容的同时能够适宜地训练学生的思维能力。从表 5.1 看，思维认知能力也是英语学科能力的核心。教师在培养学生的英语学科能力时，不能仅考虑语言知识和语言技能，还要考虑如何培养学生运用语言做事情的能力，包括用英语获取信息，对所获得的信息进行分析、推断和论证，用英语进行批判评价、创造想象等。死记硬背一些英语语言知识（如单词和语法）只能让学习停留在记忆检索阶段，学生的英语学科能力可能只能停留在学习理解层面，而达不到应用实践和迁移创新层面的要求，也就谈不上思维的深刻性、灵活性、创造性、批判性和敏捷性。

就英语学科而言，思维品质应该体现在学生在听、说、读、写、译等学习活动中所表现出来的深刻性、灵活性、创造性、批判性和敏捷性上。这五种品质可以看成是对思维的两个维度的描述："创造性和批判性是思维的本质特征，而灵活性、敏捷性和深刻性则是思维的表现程度特征。"（陈则航等，2019：92）

基于英语学科的育人价值和独特性，《普通高中英语课程标准》（中华人民共和国教育部，2018：5）对英语学科中的思维品质进行了深入阐述，认为"思维品质指思维在逻辑性、批判性、创新性等方面所表现的能力和水平。思维品质体现英语学科核心素养的心智特征。思维品质的发展有助于提升学生分析和解决问题的能力，使他们能够从跨文化视角观察和认识世界，对事物作出正确的价值判断"。同时，它也列出了培养和发展学生思维品质的具体目标，即"能辨析语言和文化中的具体现象，梳理、概括信息，建构新概念，分析、推断信息的逻辑关系，正确评判各种思想观点，创造性地表达自己的观点，具备初步运用英语进行独立思考、创新思维的能力"（同上：6）。该描述既强调了思维的本质特征，又关注到了思维的表现特征，并用相关指标动词（如辨析、分析等）明晰了思维品质培养的目标，为课堂教学提供了较好的抓手。《普通高等学校本科专业类教学质量国家标准》（教育部高等学校教学指导委员会，2018）和《大学英语教学指南》（教育部高等学校大学外语教学指导委员会，2020）也在人才培养方案中增加了思维品质的相关内容。例如，《大学英语教学指南》在"发展目标"教学要求的总体描述部分增加了以下内容（P. 6）："能够对不同来源的信息进行综合、对比、分析，客观审视、评析材料的内容，理解深层含义，并得出自己的结论或形成自己的观点或认识；能够就社会话题和与所学专业相关的学术话题进行深入交流和讨论，有效地进行描述、说明、解释、论证和评析"，突出了思维品质的培养，尤其是深刻性和批判性的培养。

5.1.3　英语学科中思维品质培养存在的问题与解决途径

语言与思维密切相关。学习和使用语言需要借助思维；学习和使用语言（尤其是外语）又能够进一步丰富思维方式，发展思维能力，提升思维品质（程晓堂，2015；郭宝仙、章兼中，2017；刘道义，2018）。例如，英汉两种语言的异同以及英语本身的不同表达可帮助发展学生思维的灵活性，英语语言的丰富文化内涵有助于发展思维的深刻性，英语文化的批判性传统则有助于发展思维的批判性（鲁子问等，2015）。

基于语言学习与思维品质发展的密切关系，在英语教学中培养学生的思维品质已经引起了很多学者和教师的重视（如葛炳芳、洪莉，2018；郭宝仙、章兼中，2017）。然而，由于缺乏理论和实践的指导，教师在培养学生思维品质的过程中也出现了一些问题。例如，部分教师在教学中强调"满堂灌"，注重知识的讲解与记忆，抑制了学生的创新意识和能力（李瑞芳，2002）；部分教师简单地将思维品质理解为批判性思维，又将批判性思维片面地理解为质疑和批判（陈则航、邹敏，2016）；部分教师缺乏在英语教学中培养思维品质的意识，英语课堂教学目标通常集中于理解和记忆等低阶思维，忽视了高阶思维的培养目标，尤其忽视了评价和创造等高阶思维能力的培养（兰春寿，2019）。

针对英语学科中思维品质培养的问题以及思维型课堂教学的理论，学者们（如葛炳芳、洪莉，2018；兰春寿，2019；林崇德、胡卫平，2010）对培养和提升学生的思维品质提出了诸多建议，主要包含以下几个方面：

第一，明确思维品质的教学目标。教师可以有意识、有计划地将思维品质的深刻性、灵活性、创造性、批判性和敏捷性融入英语教学活动中，运用不同认知过程相对应的行为动词设定每节课的教学目标（如能够准确概括文本内容，能够在深入分析文本的基础上理解文本的深层含义，能够有效评价阅读材料内容的可靠性，能够对有关同一主题的不同来源的信息进行综合），将思维品质的培养落实到教学过程中（兰春寿，2019）。

第二，开展深入的文本分析与解读。文本是英语教学尤其是阅读教学的主要载体，是在课堂教学中开展思维培养的重要依托。为培养学生的思维品质，教师可以引导学生对文本意义进行深入解读，不仅要识其义，更要悟其义、纳其义。具体而言，在进行文本分析时，教师可以从语篇整体理解出发，从主题、内容、文体和语言等角度设计相关教学活动（张秋会、王蔷，2016），引导学生思考：文本写了什么？如何写的？为什么这么写？传递了什么样的情感、态度、价值观？如何有理有据地评价文本意图和写作手法？以此促进学生与文本的对话。

第三，优化问题设计，注重培养思维品质。在文本分析的基础上，教师可以围绕文本主题优化问题设计，形成由逻辑性到批判性和创造性层层递进的问题链，教给学生一定的思维路径和思维方法（葛炳芳、洪莉，2018；张秋会等，2019），使他们可以在分析、推理、评价等学习活动中深层次地探究主题意义，发展思维品质。首先，教师可以以文本主线为线索，把文本内容转换成一系列具有逻辑性和层次性的问题，帮助学生理解篇章的行文逻辑和发展脉络，提升思维的逻辑性。其次，教师可以围绕文本主题，在读前、读中和读后活动中设计相关问题，让学生对文本主题进行预测，对文本的事实性和情感性内容进行分析和推理（如文中哪些是事实，哪些是观点？文本反映了什么人的立场？作者的言外之意是什么？），引导学生思考和评价文本中的观点和意图（如你赞成文中哪些观点，反对哪些观点？作者的写作意图是什么？作者的观点是否合理？），并形成自己的见解。最后，在学生深入理解文本的基础上，教师可以有意识地提出一些开放性问题，鼓励学生从不同角度或通过不同途径对文本内容进行探讨以及合理的联想和想象（如站在不同人物的角度去预测故事将如何发展），给学生留下广泛的思维空间，提高学生思维的创造性。

第四，鼓励提问，尊重学生话语权。除了师问生答，教师也可以鼓励学生多提问，因为提问本身就是一个主动思考的过程，是思维品质的集中体现（Rothstein & Santana，2011；李瑞芳，2002）。为了破除学生"不知问""不想问""不敢问"和"不会问"的提问困境（焦德宇、郑东辉，2017），教师首先要转变角色，改变"一言堂"的传统教学模式，采用探究式教学和/或基于问题导向的教学方式，培养学生的问题意识和探究能力。在此过程中，教师需要从知识的传授者转变为课堂学习的参与者和共建者，尊重学生在课堂中表达自己思想、情感或疑惑的权利（葛炳芳、洪莉，2018），让学生从"倾听者"和"被提问者"转变为"探究者"和"提问者"。其次，教师要在课堂上创造一种轻松愉快的探讨氛围，将学生呆板的、被动的学习状态转变为活跃的、主动的学习状态（李瑞芳，2002）。例如，教师可以在有活动桌椅的教室里开展教学活动，让学生围成圆圈坐，便于学生间的互动。再次，教师可以采用提问技巧（The Question Formulation Technique）（Rothstein & Santana，2011）培养学生的提问能力，具体包括六个步骤：

1. 教师确定问题的焦点（question focus）。教师可以以话语、视觉、听觉等形式进行提示，以吸引和集中学生的注意力，围绕此焦点进行发散思维，探索相关主题和思想。

2. 学生尽可能多地提问。

3. 学生在教师指导下，将提出的问题归为开放式和封闭式两类，讨论和分析这两类问题的特点、优点及缺点，并进一步完善提出的问题。

4. 教师指导学生对问题进行优先排序，如"Choose the three questions your group most want to explore further."或者"Select the three questions related to the key themes we've identified in this text."。

5. 学生和教师一起决定如何利用这些问题。如全班一起决定某个单元的讨论问题为"How do poverty and injustice lead to violence in *A Tale of Two Cities*?"。

6. 学生反思提问过程，内化提问方法，并思考如何将其运用到其他场景中（Rothstein & Santana，2011）。

最后，教师需要抛却思维定式，对爱提"怪"问题的学生，不要动辄训斥、轻易否定，而要善于发现他们思想的闪光点，培养学生的自信以及多思善问的习惯（陈则航等，2019）。

第五，设置问题情境，制造认知冲突（cognitive conflict），引发学生思考（陈则航等，2019；林崇德、胡卫平，2010；袁辉，2017）。在课堂教学中，教师可以根据教学目标，联系相关语言、文化、社会现象，将课堂学习任务与现实生活相关联，设计一些能够使学生产生认知冲突的"两难情境"或者看似与现实生活和已有经验相矛盾的情境，以此激发学生的探索欲望，引导学生在感知语言、探究问题的过程中发展思维品质。例如，教师可以根据两难话题（如我们是否应该说善意的谎言等）设计读后续写、辩论、角色扮演、调查访谈等活动，激发学生的认知冲突和思考意愿，在做出最终判断之前对各方观点进行深入分析和评价，提升思维的深刻性、灵活性和批判性。

第六，设计反思性活动，提升学生的自我监控能力（林崇德、胡卫平，2010）。反思既是一种内省的思维活动，又是一种外显的探究活动，通常以问题为向导（熊川武，2002）。在每次课堂活动将近结束时，教师可以设计反思表，引导学生对学习对象、学习过程、思维方式、所学知识和学习方法进行总结和反思，以此帮助他们加深对知识和思维方法的理解，发展自己的认知结构，提高自我监控能力和思维品质。例如，在完成每次阅读任务后，教师可鼓励学生撰写反思日志，总结学习过程中的方法和经验，提升对英语学习和自身的认识。

5.2　阅读素养与思维品质

5.2.1　阅读素养的内涵

近年来，传统的"阅读能力"概念正在被"阅读素养"（reading literacy）这一新的概念所取代。PISA 将阅读素养界定为"为实现个人目标、发展知识和潜能、参与社会活动而对文本进行理解、使用、评价反思和积极主动开展阅读的意识与能力"（OECD，2019：14）。"国际阅读素养进展研究项目"（Progress in International Reading Literacy Study，简称 PIRLS）将阅读素养定义为"理解和运用社会需要的或者个人认为有价值的书面语言形式的能力，阅读者能够从各种文本中建构意义。他们为了学习，参与学校和日常生活中的阅读社群，或者获得乐趣而阅读"（Mullis & Martin，2018：2）。基于英语为母语的阅读素养项目（PISA 和 PIRLS），王蔷、敖娜仁图雅（2015：20）探讨了外语阅读素养的内涵，认为外语阅读素养应包含外语阅读能力和外语阅读品格两部分。其中，外语阅读能力包含外语解码能力（外语文本概念、外语音素意识、外语拼读能力、外语阅读流畅度）和外语阅读理解能力（外语阅读技巧与策略、外语语言知识、外语国外社会文化背景知识）；外语阅读品格包含外语阅读习惯（如阅读量、阅读频率和阅读方法）和外语阅读体验（如阅读兴趣、阅读动机和阅读态度）。两者相辅相成："阅读能力是阅读品格的基础，阅读品格是阅读能力持续发展的有力支撑。"虽然 PISA，PIRLS 和王蔷、敖娜仁图雅（2015）对阅读素养的定义在表述上略有不同，但它们都将阅读看成是一个意义建构的过程，是一种态度和习惯（王蔷，2016；俞向军等，2017）。此外，阅读的目的不仅仅是简单地理解文本、获取信息或者学习语言，而是能够使用从文本中所获取的信息来发展思维、完善自我、参与社会活动。

5.2.2 阅读与思维

有研究表明，阅读的过程就是意义建构的过程，有两个与阅读过程相关的理论模型：图式理论和互动理论（Heilman *et al.*，1997）。在第一章，我们已经提到，在图式理论视角下，阅读理解就是将新知识与已有知识融合的过程（Harris & Hodges，1995）。图式理论最核心的观点就是，读者在阅读过程中不是白纸一张，他们对世界有着自己的看法，对各种话题也多少有所了解，即拥有背景知识。同时，他们也有一定的单词量，这些知识在读者脑中形成一张图，使得读者在阅读时不断地把从文本中读到的内容和自己已有的知识建立联系，从而获得一张补充过的新图。换言之，读者所具备的经验型或概念型知识能够在阅读过程中被激活并帮助他们理解、整合所读内容。另一个理论模型是互动理论，该理论与图式理论紧密相关。互动理论认为，阅读是一个思维高度活跃的过程，在这个过程中，读者需要和自身、所读文本以及阅读环境进行互动。也就是说，读者需要调动自己的已有知识，采用多种策略来建构文本的意义。在这个过程中，读者是一个积极的参与者，而不是被动地利用自己的语言知识来读懂文本。Ediger（2001）把阅读描述为复杂且具有互动性的思维过程。一个好的读者在阅读过程中会经历这样几个阶段：首先读者会通过识别书中的文字获得意义，然后利用已有的语言知识来解读文本，在脑海中形成基本概念，再利用已有的生活经验对所读内容进行深度解读，不断回味和思考所读内容，判断其准确性、可靠性、有无道理、是否有用等。在整个阅读过程中，思维无处不在，既包含从阅读文本中提取信息，理解事件脉络和细节等低层次思维，也包含运用语境知识、作者背景知识和反思能力推断词语含义，把握语篇结构、语言特征，预测语篇内容等高层次思维（Grabe & Stoller，2011）。顾晓鸣（1987）认为，阅读的过程是读者根据作者及其创作环境以及文字、语法、修辞特征而进行的"释义"过程。读者在阅读过程中不是消极地去"看"书、吸收书的"意思"，而是积极思考。读者所读到的不仅是书面文字，还包括自身的意识、感受和文字共同作用的产物。他们通过直觉、联想、想象、逻辑分析和综合判断等一系列思维活动，把作品中的符号和文字还原为具有特定个人特征和社会情境特征的"意思"，把言变为"意"，也就是"还原"。顾晓鸣（1987）认为，这种"还原"是凭借读物让读者与作者双向沟通的过程。在这个时候，学生与文本才能产生真正的共鸣。正是在"释义"过程中，学生结合已有知识经验，使用一定的策略，在文本的各部分之间、在文本与个人经验之间积极建构意义。阅读就是从书面文字中建构意义的心理活动（Day & Bamford，1998；Harris & Sipay，1990）。阅读的过程是读者和作者碰撞思想的过程，是意义转换和迁移的过程。作者在写作过程中选用最能表达自己意思的语言，读者在阅读过程中则需要对文字进行理解，并运用自己的语言知识、认知能力以及对该话题的已有知识对文本意义进行建构，有时还可能会产生不同于作者本意的新感悟。在这样的意义理解过程中，读者对文本内容的推理、评价和个人判断反映了他们对文本本身所蕴含的信息进行认识、理解与加工的高层次思维（陈则航，2016）。在阅读时，感知、想象、联想、思维、记忆等心智因素，分析、综合、推理、判断、归纳、演绎等心智技能，以及阅读需求、动机、兴趣、情感、意志等各种意向活动，都是调节、促进有效阅读的心理因素。它们交互作用，形成一个渐进的认知过程，成为决定阅读水平的关键所在（朱作仁，1983）。通过阅读，学生可以训练思维，提高思维能力；利用阅读文本，教师可以创造开放性问题、概念或情境等，锻炼学生的批判性和分析性思维。兰春寿（2015）对利用阅读教学促进思维发展这一做法给予了高度认可。黄远振等（2009）认为，阅读优秀作品可以陶冶学生的情操，使他们获得深刻的情感体验，在与文本对话、深入思考、领略语言魅力的过程中，他们的逻辑思维、形象思维等均能获得发展。

在厘清阅读素养的内涵的基础上，研究者们进一步解析了阅读素养的组成部分，尤其是阅读素养中的思维要素。PISA 2018（OECD，2019）的阅读素养框架将阅读过程拆分为两个认知过程。如图 5.2 所示，具体包含：文本处理（text processing）和任务管理（task management）。在文本处理过程中，阅读流畅度对学生的阅读速度、阅读理解能力和阅读兴趣十分重要。作为阅读中各种认知和元认知活动相互协调、整合的结果，阅读流畅度强调学生精确且流畅地阅读文字、依据文本展开联想、理解和处理文本信息的准确度、速度和效率。在文本处理过程中，学生还需要准确定位信息，理解词句的基本含义和文本的整体意义，结合已有知识对文本进行分析、整合和推论，评价文本信息的质量和可信度，反思文本内容和形式，辨析和处理不同文本之间的冲突。除了要有效完成阅读任务涉及的认知活动，PISA 2018（OECD，2019）指出，学生积极主动地开展阅读还表现在其准确理解阅读情境需求，以及为完成阅读目标而进行的目标设置和计划、检测和监控等活动。在任务管理过程中，学生要关注阅读过程中的元认知活动，使整个阅读活动的目标处于动态变化之中，并能根据阅读目标随时调整自己的阅读任务和策略。

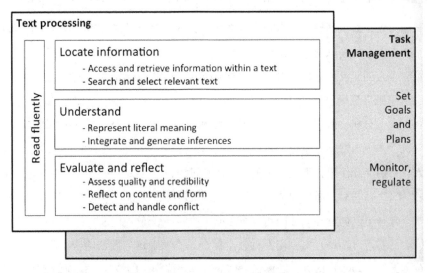

图 5.2　PISA 2018 阅读框架流程（OECD，2019：33）

与 PISA 类似，PIRLS 中的阅读理解关注学生以不同的认知形式建构意义、理解文本的过程，并将其区分为关注并提取明确信息（focus on and retrieve explicitly stated information）、直接推论（make straightforward inferences）、解释并整合观点和信息（interpret and integrate ideas and information）以及评价和批判内容和文本要素（evaluate and critique content and textual elements）四个层级（Mullis & Martin，2018：8-12），与《普通高中英语课程标准》中的"思维品质"目标不谋而合。

在《中国英语能力等级量表》（中华人民共和国教育部、国家语言文字工作委员会，2018）中，英语阅读素养的考查也涉及读者阅读材料、建构意义过程中的诸多思维要素。具体而言，英语阅读能力包含阅读认知能力和阅读理解策略（曾用强，2017）。其中，阅读认知能力主要包括识别和提取具体信息，概括和分析信息要素间的关系并做出合理推断、解释和预测，以及评价和反思阅读材料的内容、形式、风格、意图等方面的能力。阅读理解策略则主要强调学习者在阅读过程中进行规划、执行（基于文本的重读、精加工和组织，以及基于内容图示的视觉映像、自释和提问）、评估和补救，以更好地理解阅读文本。

在以上关于阅读素养维度的描述中，我们可以发现，阅读是一项十分复杂的思维活动，涉及诸多认知和元认知活动，如辨析、推理、评价、反思、自我监控。这凸显了思维和思维品质在阅读素养中的重要地位。在数字阅读盛行的今天，文本和阅读呈现多样化和复杂化的趋势（俞向军等，2017）。人们虽然可以快速搜索、定位同一主题的不同文本，但电子文本不一定像纸质文本那样都标有作者、出版时间等基本信息。因此，学生更需要去分析、评价、反思文本的内容和质量，整合多文本中的信息，形成自己的判断。同时，学生需要结合阅读情境和阅读目标，调整自己的阅读任务和阅读策略。这给了学生更多的发挥空间，以展现想象、评价、创新等能力（俞向军等，2017），展示思维活动的深刻性、灵活性、创造性、批判性和敏捷性。由此，信息化时代的阅读素养对思维品质提出了更高的要求，也为思维品质的培养创造了良好条件。

5.3 阅读教学中的思维培养活动设计

5.3.1 指向思维品质培养的英语阅读教学原则

虽然阅读素养和思维品质密切相关，但当前的阅读教学主要集中于记忆等低阶思维上，教学内容仍局限于词汇、语法等语言知识方面，并没有真正培养学生的思维品质，以读促思的想法很多时候只停留在口号层面（Lin，1999；王蔷，2016，2017）。为此，许多学者（如葛炳芳、洪莉，2018；欧阳护华、熊涛，2013；张明等，2017）提出，要开展以思维品质为导向的英语阅读教学活动，主要需做到以下几个方面：

第一，提供足够量的、适当的、多文体的阅读素材（Grabe & Stoller，2019；王蔷，2017）。阅读是学生获取信息、自我构建新知识的重要途径。学生接触大量不同主题、不同体裁的英语阅读材料，可以拓宽思路，提升思维品质。在这个过程中，教师可以强调解决问题式的阅读（王蔷，2017），让学生带着强烈的意识去阅读大量的、适合其认知和语言水平的、多文体的阅读素材，这样可以有效发展学生的多元思维和探究能力。同时，教师也要注意阅读材料的选择。一般而言，具有新颖思想的阅读材料更容易激发学生思维活动的创造性（Yagolkovskiy & Kharkhurin，2016）。选择从不同角度讨论同一主题的阅读材料则有助于提升学生思维活动的深刻性、灵活性以及批判性。

第二，开展深入的文本分析（陈则航等，2019；张秋会、王蔷，2016）。课前，教师可以先从语篇整体性出发，从主题、内容、文体和语言等不同角度分析文本内容。在阅读教学中，教师应提供独立阅读、分享阅读和合作阅读等多种形式，设计多样化的教学活动（如思维导图、问题链、读后续写任务），引导学生去深入分析文本，促进他们对文本的深入思考，提高他们对文本内容、体裁、结构、写作方式的敏感度以及批判性阅读的意识。

第三，注重阅读技巧和策略的培养（李金云、李胜利，2017；王蔷、敖娜仁图雅，2015；原露等，2015；周艳琼，2017）。在上一节的内容中，我们可以看到，阅读技巧和阅读策略既是阅读素养的重要组成部分，也是培养思维品质的重要方面。教师在各个阶段的阅读活动中都可以培养相应的阅读技巧和策略。例如，在阅读前，教师可以设计与阅读目的、文本结构、背景知识相关的活动，引导学生通过预览插图、标题、主题句等方式猜测文本内容或讨论阅读预期，激活学生的已有知识，培养学生的预测和推理能力。在阅读过程中，教师可以通过设计阅读活动，引导学生提取主要观点、解释关键概念、确定重要细节、分析文本结构、从字里行间推断作者的言外之意或人物心理等，促进学生对文本内容和结构的深层次理解，培养他们的分析、推理、解释等思维能力。阅读完成后，教师可以让学生利用思维导图总结文本内容和结构，评价文本信息的可信度、文本的写作手法和作者观点，撰写阅读日志，反思文本内容和形式，从主人公或其他人物的视角续写、改写文本，提升学生的思辨能力和创造性思维能力。同时，阅读教学中还需要注意元认知阅读策略的培养，加强学生对自身阅读过程的自觉审视、自我管理和自我纠正。例如，教师可引导学生自行设置阅读目标，根据阅读目标选择合适的阅读策略，在阅读过程中根据自身的阅读理解情况调整阅读速度、阅读时间和阅读方法或进行重读，并自我修正错误的阅读信息，以培养自我觉察力，提高高阶阅读能力和思维品质。

第四，单篇精读与群文阅读教学模式并行（俞向军等，2017）。当前，英语课堂大多采用单篇课文的精读教学模式。但是，在信息化时代，传统的单篇精读已不能满足当下爆炸式信息和碎片化阅读的发展需求。因此，教师可以在阅读课上适当采用群文阅读的教学模式。在群文阅读教学中，教师给学生提供真实多样的文本，要求学生快速提取、归纳、整合信息，对文本和主题形成整体性、多角度的理解，拓宽学生思维的深度和广度。同时，在阅读完成后，教师可以让学生进行综合判断，形成自己对该主题的理解，提升学生思维的批判性和创造性。

第五，关注高阶思维，开展批判性阅读（Wilson，2016；陈则航，2015；欧阳护华、熊涛，2013）和创意性阅读（Bataineh & Alqatnani，2019；Maley & Kiss，2018；Nash & Torrance，1974；Padgett，1997；van de Ven，2019）。在新的阅读素养框架（PISA 和 PIRLS）中，阅读不再是单纯的对文本的解码、理解以及对文本内容的客观再现，而是包括分析、推理、诠释、质疑、反思、评价等思维能力的认知活动（俞向军等，2017）。因此，我们需要在阅读教学中多关注分析、推理、评价等高阶思维，开展批判性阅读和创意性阅读。例如，教师可以将分析、推理、评价等思辨技能融入读前、读中、读后活动中，引导学生对文本进行预测、提问、假设、分析、评价、反思等。教师还可以创设良好的阅读环境，鼓励学生与文本内容进行互动，发展读者意识，以此培养学生的批判性阅读倾向（Wilson，2016）。此外，教师还可以多在英语阅读教学中设计开放性问题（葛炳芳、洪莉，2018），使用思维导图带领学生进行头脑风暴和文本分析（Bataineh & Alqatnani，2019），并有意识地培养学生的提问能力（Nash & Torrance，1974），提升学生思维活动的创造性。

5.3.2 阅读教学中的思辨能力培养

上一节我们聚焦的是思维培养的各个方面，本节只聚焦思维的一个方面，即批判性思维，本书称之为思辨能力。阅读是"释义和评价、质疑和审视的过程，包括通过思辨推导出符合逻辑的结论，包括提出假设、找出问题、进行验证，它不是消极接受作者观点，记忆阅读内容的过程"（王牧群、白彬，2011：31）。教师在阅读教学过程中要保证学生在阅读中的主体位置，鼓励学生对文本提出质疑，培养学生由此及彼的推理能力，引导学生去解疑、析疑，对文本信息以及作者的观点、倾向、假设等进行分析、整合、区分、概括、推理和评析等（Grabe & Stoller，2011；OECD，2019）。因此，阅读的过程也是运用和发展思辨能力的过程（Elder & Paul，2009）。研究表明，不少教材中占比较高的阅读任务类型是文本字面意义的理解、推断文本隐含的意义、个人对所读文本的回应（如是否同意文本观点）以及词汇学习的任务（Freeman，2014）。这说明学习者高阶思维和语言能力的发展得到了一定的重视。不过，Freeman（2014）的研究并没有系统地探究阅读任务中的思辨能力表现（Ilyas，2015）。

思辨能力不是指单纯的怀疑或批判，而是指分析与评估的能力（Paul & Elder，2019）。德尔菲报告（Delphi Report）认为，思辨能力由认知技能和情感特质两个维度构成（Facione，1990）。认知技能维度又可细分为阐释（interpretation）、分析（analysis）、评价（evaluation）、推理（inference）、论述（explanation）和自我调节（self-regulation）六项能力。其中，分析、评价和推理是核心技能（Facione，1990）。在此基础上，文秋芳等（2009）提出思

辨能力的三项核心技能为分析、推理与评价。综合前人研究来看，思辨能力
的实质是个体有意识地运用恰当的标准进行思考，以做出公正且有理据的分
析、推理、评价的过程。学者们（如 Kneedler，1985；Lepionka，2008；Paul
et al.，1995）对思辨能力的具体表现进行了阐述，使之更有可操作性。例如，
Kneedler（1985）进一步将思辨能力细分为三个大方面和 18 项具体内容（见
表 5.2）。三个大方面指：1）界定并阐明问题；2）依据情况对信息做出判断；
3）解决问题和做出结论。具体技能包括分析并识别事实、观点、问题等，推
理并判断信息的准确性、合理性、一致性等，评价信息来源的可靠性和证据的
相关性等。

表 5.2　Kneedler（1985）提出的具体思辨技能（转引自 Lepionka，2008：172）

三大方面	具体内容
界定并阐明问题	• 识别中心论题或问题 • 区分相似性和差异性 • 区分相关和不相关信息 • 提出恰当的疑问
依据情况对信息做出判断	• 区分事实、观点并做出合理的判断 • 检查一致性 • 识别隐含的假设 • 识别刻板印象和套话 • 辨别不准确的事实、误导性信息、虚假观点 • 识别论述中的谬论 • 识别偏见及有何语义倾向性 • 判断是得到确认的事实还是有价值的主张 • 识别不同的价值体系和意识形态
解决问题和做出结论	• 评价资料来源的可靠性 • 评价数据是否充分 • 评价证据的相关性 • 根据证据做出推断 • 做出假设并预测可能的结果

从这些细分项来看，识别、判断、区分、评价信息和观点等是其主要内
容，而这些能力都与阅读能力密切相关。但是这些细分项似乎更适用于议论

文，在其他文体（如记叙文）中很难找到可以与其匹配的思辨技能。因此，该框架不可以直接用于指导所有阅读活动和阅读问题的设计。

Paul *et al.*（1995）将思辨能力中的认知技能分为宏观和微观共 26 个具体技能（见表 5.3）。从这 26 个技能来看，思辨能力的重点依然是在分析、推理和评价这三个大方面，包括分析或评价论点、信念、理论、行为、思想，做出合理的推断、预测、质疑等。

表 5.3　Paul *et al.*（1995：58）提出的具体思辨技能

宏观技能	微观技能
· 避免过度泛化 · 对比相似情境：迁移认知 · 建构观点：探究信念、论点或观念 · 澄清事实、结论或信念 · 明确并分析词义 · 建构评价标准：明确价值与标准 · 判断信息来源的可信度 · 深度质询：提出有意义的问题并刨根问底 · 分析并评价论点、理解、信念或理念 · 提炼或评估解决方案 · 分析或评价行为或政策 · 批判性阅读：阐明文本意思或提出质疑 · 批判性地听：内心对话的艺术 · 建立跨学科间的联系 · 实践苏格拉底式讨论：对信念、理念或观点等进行论辩 · 对话式推理：对比观点、解释或理念 · 辩证地推理：评价观点、解释或理念	· 比较和对照理想状态和实际状态 · 关于思维的思考：采用批判式词语 · 注意到关键的异同点 · 检查或评价假设 · 区分有关和无关事实 · 做出合理的推断、预测或解释 · 评价证据和不确定的事实 · 辨认出矛盾 · 探究启示和结果

这个框架虽然细化了认知技能，但是其中一些内容无法直接应用于阅读教学，比如"批判性地听"与听力、口语的联系更为紧密。

基于 Kneedler（1985）和 Paul *et al.*（1995）提出的两个框架，结合阅读教学实践，我们建构了指导阅读活动设计的思辨技能框架（见表 5.4）。该框架将思辨能力的三个核心技能——分析、推理、评价在阅读活动中的具体表现进行了描述，并从一些教材中选取了一些具体例子加以说明。

表 5.4　指向思辨能力的阅读活动设计

思辨能力的核心技能	在阅读活动中的具体体现	样例
分析	识别并阐明文本中心论点、主要思想及社会文化价值观	Read the title and the quotes in the article. What do you think the article will be about? (Soars & Soars, 2014: 21)
	比较人物、事物或观点间的异同，区分事实和观点	(Student A reads passage A and student B reads passage B. They answer some questions about the passage they read.) Compare your answers. Who do you think is happier about the move? (Soars & Soars, 2014: 10)
	分析文本特征、写作手法、写作目的及作者态度等	The eight sections of Part II are not organized in the same way. Section 2.3, for example, puts forward a question at the beginning and then tries to answer it, while Section 2.5 simply starts with an example. Read the eight sections again and describe how they are structured. (蓝纯, 2015: 60)
	分析文本中的现象、人物或行为等	What makes the brand special? What features of the product or company do people see as negative? (Soars & Soars, 2014: 58)
推理	从字里行间推断作者的言外之意以及人物心理、态度等，提供原因或证据	The statements given below all express some linguistic facts. Answer the question following each statement and see what kind of inferences you can make about language and the use of language. Reading the first two paragraphs of Text B might help you with some of the questions. (蓝纯, 2015: 10)

（待续）

（续表）

思辨能力的核心技能	在阅读活动中的具体体现	样例
推理	对文本内容发展做出合理的推断、预测或解释	Why do you think someone tore up the money? Rachel and her friend have two theories ... Do you agree? Do you have any better explanations? (Soars & Soars, 2014: 32)
	深度质询，质疑信念、观点、解释，提出恰当的疑问等	In paragraphs 9 to 11, Crystal makes several claims about the relationship and differences between "body language" and "language" proper, ... In your opinion, are these claims justified? Can you support or challenge them with examples? (蓝纯, 2015: 9-10)
	提出不同的假设、方案或结果，并提供原因、证据或事实	Which of the six lies do you think are "good" reasons to lie? Which are "bad"? Which are "white lies"? List other occasions when you think it might be good to lie and occasions when it is definitely not. (Soars & Soars, 2014: 37)
评价	评估信息或资料来源的可信度	Which theories are the most believable/unbelievable? (Soars & Soars, 2014: 38)
	评价文本的写作手法、作者的观点和态度等，并做出解释	How does Barna start her essay? Is it effective? Why or why not? (蓝纯, 2015: 356)
	评价文本内容、相关人物、事件或方案等，提供原因或证据	In paragraph 8, Gans indicates that the very existence of the police is solely because of the poorer who tend to commit crimes due to poverty. Do you think this accusation is fair? Support your viewpoint with examples. (郭亚玲、宋云峰, 2016: 143)

第六章　阅读教学中的提问与思维培养

6.1　提问的分类

苏格拉底指出，教学不是把知识从一个人传给另一个人，而是由知识经验更丰富的人，通过一系列的提问，激发另一个人去不断思考，从而学习并获得知识经验（Wragg & Brown，2001）。提问是激发学习兴趣、发展思维的重要推动因素。课堂提问是教师实施教学的重要手段。课堂提问不仅可以检测学生对知识的掌握情况和对课文的理解情况，还可以引导他们积极思考，发挥想象力，形成自己的观点和看法。好的提问可以促进良好的学习习惯、良好的学习效果以及思维能力的提升。在语言课上，教师通过提问激发学生的学习兴趣，让学生能够使用所学语言陈述自己对所学内容的理解、感悟、评价，从而形成师生之间、生生之间的有效互动。高质量的问题可以推动学生思维能力的发展（Ur，1996；Valverde Caravaca，2019；Wilen & Clegg，1986），提问的几个重要功能可总结如下：

1. 激发学生的学习积极性；

2. 引导学生关注所要学习的话题，了解学生已知的信息；

3. 检查学生对内容的理解程度，以及对知识或技能的掌握情况；

4. 为优秀的学生提供产出机会，为能力薄弱的学生提供参与机会；

5. 培养思维能力，提升思维的深度；

6. 鼓励学生围绕所学内容表达自己的想法和观点；

7. 让学生在与他人互动中感受到被倾听、被尊重。

根据不同的标准，问题有四种分类方式。第一种分类方式将问题分为封闭式和开放式两种类型。封闭式问题一般指有唯一答案且答案已知的问题，也称为求同类问题；开放式问题则指答案未知且可能会有多种答案的问题，亦称为求异类问题（Richards & Lockhart，1996）。

第二种分类方式将问题分为展示型和参阅型两种类型（Long & Sato，1983）。展示型问题是指教师已经知道答案，提问的目的只是想了解学生是否理解并知道该答案；而参阅型问题一般要求学生给出个人见解，进行解释或说明，这类问题聚焦于所学习的内容而不是语言形式，通常可以激发更深层次的探究。研究表明，外语教师采用展示型问题的频率远远高于参阅型问题（Lightbown & Spada，2013）。一般来说，展示型问题几乎不会给学生的认知带来什么挑战，他们的回答通常也会非常简短。但是，也有研究表明，如果使用得当，展示型问题也能起到很好的脚手架作用。比如在下面这个例子（McCormick & Donato，2000：195）中，教师想帮语言水平偏低的学生理解palace 这个词，于是在互动过程中问了"Who usually lives in a palace?"这样一个问题。这个问题虽属于展示型问题，但它却有非常重要的教学功能，一是可以帮助学生理解这个词，二是可以帮助教师了解学生对该词的理解情况。

教师：Palace?

学生 1：Like castle?

学生 2：Special place, very good.

学生 3：Very nice.

教师：Castle, special place, very nice. Who usually lives in a palace?

学生们：Kings.

教师：Kings, and queens, princes and princesses.

学生们：Yeah.

学生 4：Maybe beautiful house?

教师：Big, beautiful house, yeah, really big.

第三种分类方式将问题分为低层次和高层次两种类型（Ornstein，1990）。回答低层次问题只需要学生从语篇中找出并记住信息；高层次问题则要求学生能够对所学内容进行重构和整合，对教师的提问能力和学生的思维能力来说都是极大的挑战。

问题的第四种分类方式是布鲁姆（Bloom，1956）提出的：

1. 知识（knowledge）：记住事实、术语、基本概念。

2. 理解（comprehension）：组织、比较、翻译、领会、描述和陈述主要观点。

3. 应用（application）：在不同情境下应用所学知识、技巧和规则。

4. 分析（analysis）：辨别关系、原因、动机并找到支持主要观点的证据。

5. 综合（synthesis）：将信息重组，提供不同的解决方案，培养创造性思维。

6. 评价（evaluation）：根据一些标准对内容或观点进行点评。

Anderson & Krathwohl（2001）随后将布鲁姆教育目标分类学的认知分类方式修改为记忆、理解、应用、分析、评价、创造。他们一是将布鲁姆原先使用的名词改为了动词，二是将"创造"提到了最高认知层级。这一修改符合人们认知水平的发展规律，得到了广泛认同。这一分类体系也成为教师设计提问的重要依据。依照这种分类方式，阅读理解可分为低层次理解和高层次理解（Grabe & Stoller，2011；Nassaji，2003），低层次理解主要包括识记和理解（Anderson & Krathwohl，2001；Bloom，1956），高层次理解则包含整合文本语境以及背景信息对文本进行推断、阐释和评价等（Murphy *et al.*，2018），也包含分辨重要和非重要信息，区分事实和观点，推导出言外之意，填补信息上的空白，得出符合逻辑的结论等（Pirozzi，2002）。高层次理解过程也是运用和发展思辨能力的过程（Elder & Paul，2009）。

Golding（2011）也针对不同思维层级提出了一种分类方式，教师可以借鉴其分类方式设计提问，从而引发学生思考。

表 6.1　Golding（2011：362）的问题类型

问题类型	例子
提供建议	What are some possible ideas about ...? What are other alternatives?
推理论证	If ... were true, what would follow? How might we explain more about ...?
补充说明	What do you mean by ...? What is an example of ...?

（待续）

（续表）

问题类型	例子
做出评价	Why do you think ...? What evidence is there for ...? What are some reasons to agree with ...? What are some reasons to disagree with ...?
得出结论	What conclusions can we draw? What do we need to do next?

　　表中左列指向学生的思维能力，右列是一些可能的提问方式。从以上不同的分类方式来看，不同类型的问题对学生思维的挑战是不一样的。封闭式、展示型、低层次以及布鲁姆分类体系的前两个类别的问题只要求学生从学习内容中找到答案，不需要太多的思考。而开放式、参阅型、高层次以及布鲁姆分类体系的后四个类别的问题，还有 Golding（2011）的问题类型则要求学生对信息进行理解、分析、加工、重组，并且要形成自己的态度和观点，指向学生的高级思维能力。

　　下面我们以 *New Headway*（Soars & Soars，2014：18）第二单元阅读部分的问题为例，进一步阐述四类问题之间的关系。阅读文本的题目是 A planet poisoned by plastic，该文本从电视人 Simon Reeve 的视角描述了他在夏威夷海滩看到的白色污染情况，呼吁人们树立环境保护意识。教材中的问题如下：

1. Who is Simon Reeve?

2. Which products from your list in exercise 1 are mentioned? (exercise 1: In groups, make a list of all the plastic products you use in a typical day.)

3. Which places in the world are mentioned?

　　以上三个问题都是提取事实性信息类问题，学生可以在文本中直接找到答案，不需要进行太多的思考，属于封闭式、展示型、低层次问题，指向布鲁姆分类体系中的"记忆"层次。

　　以下三个问题则不一样：

1. What are your personal reactions to the text?

2. Do you believe plastic is causing "an environmental emergency"?

3. Are there other things that are more harmful to the environment than plastic? What and why?

回答以上三个问题时，学生不仅需要对文本内容有深入的理解，而且需要对文本中的信息进行分析和加工。此外，学生还要充分调动自己的已知信息，结合自身的学习和生活经验，对文本中的观点进行分析与评价，提出自己的观点，创造性地解决问题。以第二题为例，作者在文本中论述了自己的观点，即塑料垃圾已经对环境构成了极大的威胁，学生需要根据自己的已知信息来对该观点的合理性做出判断。而要回答第三题，学生则需要去比较引起环境污染的因素，看哪个因素对环境的威胁更大。学生需要在理解语篇内容的基础上，形成自己的观点和态度。因此，这些问题属于开放式、参阅型、高层次问题，指向布鲁姆分类体系中的"分析""评价""创造"层次。

以上分析表明，同一个问题可能属于不同类型，教师在准备阅读问题时无论参考哪种分类方式，都需要寻求一种平衡。但是，我们并没有一个明确标准，比如展示型和参阅型问题分别应该占比多少，高层次问题是否越多越好等。教师需要根据学生水平、文本难易程度等来灵活处理。

6.2 指向思维培养的提问设计框架

提问是教师通过阅读培养学生思维能力的重要途径。教师可以通过提问激发学生的阅读兴趣，促进学生的思维发展，使学生把注意力集中在所要学习的内容上；引导学生使用特定的语言结构，检查阅读理解程度，鼓励学生积极参与等（Richards & Lockhart, 1996）。然而，目前阅读教学中的多数问题为封闭式、展示型、低层次问题，仅仅停留在检查阅读理解程度上，对学生的思维来说没有太大挑战。比如教师所提的问题都是"是什么""在哪里""做什么""是谁"等，几乎所有答案都可以从文本中找到。这类问题虽然对学生掌握所学内容有促进作用，但数量太多的话会对学生的思维发展产生不良影响，长此以往还有可能削弱学生的阅读兴趣。因此，提问仅仅为了检查阅读理解程度是远远不够的，它还应担负培养学生分析问题和解决问题的能力，以及培养学生的逻辑思维、思辨能力和创新能力的任务。我们建议教师对这类问题在课堂提问中所占的比重进行权衡，要始终以学生的发展需求为依据，以激发并保持学生的语言学习兴趣为原则，以兼顾学生的语言和思维发展为目标，使课堂提问能够更科学、更有效地促进学生语言能力和思维能力的同步发展。

阅读不是消极地接受作者观点、记忆阅读内容的过程，而是"释义和评价、质疑和审视的过程"（王牧群、白彬，2011：31）。学生在阅读中要对文本质疑、解疑、析疑，对文本信息、作者观点、假设等进行分析、整合、推理和评析等（OECD，2019）。在阅读教学中，教师在设计问题时，除了要考虑包含不同类型的问题外，还可以从三个层次进行提问，即基于语篇的问题、深入语篇的问题、关于语篇的问题。这三个层次的提问分别表现为基于事实和简单理解的问题、高层次推断性问题以及思辨反思性问题。第一类问题的答案可以直接从语篇中找到，第二类问题要求学生联系自身知识经验进行符合逻辑的分析与推断，第三类问题则要求学生就语篇中的人物或事件表达自己的看法并加以论证（Applegate *et al.*，2006）。从基于语篇到深入语篇，再到超越语篇，教师可以通过问题引导学生层层深入地去挖掘并理解语篇的内涵、推断语篇的言外之意，并将语篇内容与自身建立联系，丰富自己的知识体系，进一步建构对世界的认知，形成独立思考、思辨和反思的能力，达到语言能力和思维能力的共同发展。

教师还可以参考著名的思维训练专家 de Bono（2000）提出的"六顶思维帽"（Six Thinking Hats）方法来设计和提出问题，以培养学生的多角度思维能力。de Bono（2000）用六顶不同颜色的帽子代表思维的不同方面、不同层次和不同角度。这六顶帽子分别是：

白色思维帽——白色代表中立和客观。当学生"戴上"这顶思维帽时，他们更关注的是事实性信息，不带任何情感。问题类型如下：

What are the facts?

What are the figures?

What happened?

Who did it?

　　红色思维帽——人们看到红色可能会联想到"愤怒"，也可能联想到"热情似火"，这些都和情绪相关。当学生"戴上"这项思维帽时，他们关注的是自己的情绪和情感，以及对问题或事件的看法。他们可以随意表达喜好、怀疑、不开心等情感，比如"我很喜欢这个故事""这个观点很有意思""这么干能行吗？""我的直觉告诉我这个方法行不通"等。这种情感是主观的、直觉的，不一定对，但表达出来是有参考价值的，学生也不用进行解释或论证。问题类型如下：

How do you feel?

What is your gut feeling/intuition about this?

Do you like the idea?

What are your doubts?

　　黑色思维帽——黑色代表肃穆和谨慎。它表达的是质疑的声音，即发现问题，指出观点的片面性、方案中的不确定性或潜在的风险等。黑色思维帽是"六顶思维帽"中最重要的一顶，它是一种有逻辑的思考、理性的否定。当学生"戴上"这项思维帽时，他们能够保持警醒，批判性地看待事物或问题的解决方案，以便规避风险。问题类型如下：

What are the potential difficulties and problems? What are the risks?

Is it the only possible conclusion?

Is the evidence strong enough?

What are the weaknesses?

　　黄色思维帽——黄色代表阳光和肯定。当学生"戴上"这项思维帽时，他们能从好的方面去看待问题，乐观地看待事物，充满正能量地去解读内容，找到可能让自己受益的方面或提出建设性方案。这类问题不能只询问学生是否具有乐观的态度，如果只是态度就属于红色思维帽，但黄色思维帽还要求学生给出理由。问题类型如下：

What are the possible benefits? Why do you think so?

Are there any opportunities for this idea to be successful? What and why?

Despite all the negative things, can you see any merits in this? Why do you say so?

Under what conditions would this situation change? What suggestions do you have?

绿色思维帽——绿色代表生命力、能量和推陈出新。当学生"戴上"这顶思维帽时，他们需要发挥想象力，提出新的观点。问题类型如下：

Do you have any new ideas/approaches?

Are there any alternatives?

Suppose/What if ..., what would happen/what would you do?

If you were the author, what would you do?

蓝色思维帽——蓝色代表冷静和包容。它代表的是元思维，就好比乐队指挥一样，管理和掌控思维过程，同时也会决定思维帽的使用方式。当学生"戴上"这顶思维帽时，他们就是组织者，可以建议讨论的方式、思考的角度、思维帽的使用方式，还要随时监控大家的讨论情况，以防跑题，最后也要总结大家的观点等。问题类型如下：

We do not have much time to consider this matter, so we must use our time effectively. Would someone like to suggest a blue hat structure for our thinking?

We have not got anywhere so far. I think we need to pause and do some blue hat thinking. How should we organize our thinking? Where do we start? What should we be thinking about?

I am putting on my blue hat to say that we have drifted very far from what we set out to think about. How can we get back on track? Are we all agreed that these are the conclusions that we reached?

"六顶思维帽"方法是培养学生思维的有效路径，我们将其与阅读教学相结合，可以为学生提供思路，让他们知道任何语篇都可以从不同的角度去理解、去质疑、提出多样化的解决方案。"六项思维帽"可以是具象的（教师可以准备六项真实的帽子作为道具），也可以是虚拟的。在需要换帽子的时候，如果有真的帽子，教师可以通过肢体语言来提示；如果是虚拟的帽子，教师可以让学生想象换了一顶帽子，也就是换了一个角度。教师可以采用下面这些指令引导学生换位思考：

I want you to take off your black hat. For a few minutes let us all put on our yellow thinking hats.

That's fine for red hat thinking. Now let's have the white hat.

I think we need some blue hat thinking here.

Maybe we should have some green hat on this.

此外，阅读中的提问设计还可以参考 PISA 2018 的框架，教师可以针对以下几个方面进行设计（OECD，2019；王晓诚，2019）：

1. 浏览并检索信息；

2. 查找并选择相关文本；

3. 对文本字面意义的理解；

4. 对文本的整合与推论；

5. 对文本内容与写作形式的反思；

6. 对信息的质量与可信度的评价；

7. 发现并处理相冲突的内容。

从这七个方面来看，教师不仅需要了解学生对信息检索的能力、对文本字面意义理解的能力以及对文本整体理解的能力，还要通过提问引导学生思考信息的相关度、可信度、一致性等，更要引导学生深入思考文本内容和写作手法，学会更好地组织自己的语言以做出有深度的表达。教师可以给学生提供其他内容相关的文本，让他们进行多文本、跨文本阅读，对几篇文本中的观点、人物、事件进行比较和对照，把握其中相似和相冲突的部分，最终形成自己关于特定主题的观点或立场，并针对文本内容做出评论，同时需要使用文本中的细节来支撑自己的观点。此外，这一框架还指向学生创造性思维的培养（安奕等，2019）。比如在要求学生对文本进行推论时，可以鼓励他们头脑风暴，提出不同的解读方式；处理相冲突的内容时，可以要求他们提出创造性解决问题的方法；对文本内容和形式进行反思时，可以请他们创作出不同的版本或创编不同的结尾，或用诗歌、海报等不同的语篇类型呈现文本内容。显然，参考这个框架设计的提问能够有效提升学生的阅读能力和思维能力。

如前所述，我们提供了三种不同的提问设计框架，教师可以根据自己的实际情况、学生的情况、文本内容等采用适合自己的框架，在阅读教学时设计出有效的问题，充分调动学生的积极性，实现对文本的深度理解和思维的有效提升。

6.3 提问的策略

前人就提问策略和有效提问已经做了大量的研究，其中比较常用的是 Wragg & Brown（2001：28-36）提出的七条策略：精心组织（structuring）、量身打造（pitching and putting clearly）、均衡提问（directing and distributing）、把握节奏（pausing and pacing）、提供支架（prompting and probing）、认真倾听并给出回应（listening to replies and responding）和确定顺序（sequencing）。这七条策略想传递的信息是，教师要考虑学生的背景知识和语言水平，精心挑选并组织问题，在提问过程中要仔细倾听和观察，做好随时调整和给出反应的准备。同时，教师还要注意从学生的已知信息出发，兼顾不同水平的学生，适当提供帮助，但不直接给出答案，而是引导学生自己思考并获得成长。

此外，我们每个人在看到或听到某个观点的时候，很自然地会形成自己的态度。这种态度带有深深的个人印记——经验、价值观、学习经历和文化背景等。教师在进行提问时，需要激发学生的开放性思维，让他们就这些问题表达不同的观点，甚至展开争论，成为积极的学习者，同时也要让学生学会倾听他人的观点，反思甚至批判自己的观点，培养思辨能力，从而坚持自己的信念或改变自己的看法（Browne & Keeley，2004）。英语课堂提问可以遵循以下几个原则：

1. 紧扣教学目标，做好问题环的设计；
2. 利用追问，引发思考；
3. 创造机会让学生发问；
4. 调整心态，耐心等候。

6.3.1   紧扣教学目标，做好问题环的设计

教学目标的设定决定教师的教学行为。课堂提问是教学行为中非常重要的一部分，因此问题的设置也要根据教学目标来决定。教师在备课时虽然不必提前准备好所有问题，但应该认真设计关键问题，以便突出重点、攻克难点。同时，教师准备的一系列问题要指向明确、思路清晰、具有内在逻辑和层次。问题的层次可以以学生解决问题或完成任务时的认知活动为主线，从学习理解、应用实践和迁移创新三个层面去考虑（王蔷、胡亚琳，2017）。此外，教师还要预设课堂效果，做好问题环（questioning cycle）的总体设计（见下图）。

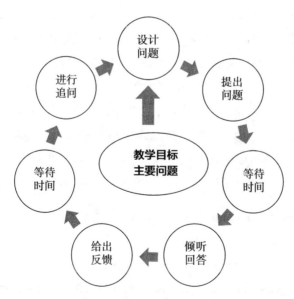

图 6.1   问题环的步骤（译自 Fusco，2012：12）

这种"问题环"是教师围绕教学目标精心设计的，它可以对学生的学习起到很好的引导和启发作用，并有效帮助教师了解学生的学习效果，激发学生进行多维思考，推动学生成为积极的学习者，从而实现既定教学目标。在这些步骤中，教师需要关注几个问题。首先，设计问题时一并考虑追问的问题，形成一系列问题环；设计的问题类别不能过于单一；问题要有层次，层层深入地挑战学生的思维。其次，要设计好等待时间，在提出问题后给学生足够的时间以获得更加有效的回应。最后，教师要认真倾听学生的回答，并根据学生的回应及时追问、调整问题等，从而推动学生不断深入思考。

6.3.2 利用追问，引发思考

相当多的提问所引出的是"是"或"不是"的答案，"教师提问—学生回答—教师反馈"成了课堂提问的基本步骤，即便有学生提出相反的答案，也常常被教师忽视。这样的封闭式提问未能充分发挥提问的功能，不利于学生对问题展开进一步思考。其实，不同的答案恰恰是教师应该利用的优质教学资源，即便是学生随意地、不假思索地给出的看似毫无理由的答案，在教师的追问下，也可能变成非常有意义的、能够引发学生思考和学习的有效资源。我们建议教师增加追问次数，一是能体现教师在专心倾听，二是能增加师生间真实的交流，三是能推动学生思维能力和表达能力的发展，可谓一举多得。教师可以让学生对自己给出的答案进行论证、解释或说明（Bond，2007），也可以多问些"为什么"这样的问题，以促进学生高层次思维能力的形成。Paul *et al.*（1989：27-28）给出了这样一个追问的框架，将问题分为六大类：

Questions of clarification（阐明或说明自己观点的问题）

What do you mean by ____?

How does this relate to our problem/discussion/issue?

Jane, can you summarize in your own words what Richard has said?

Could you put that another way?

What is your main point?

Could you give me an example?

Could you explain this further?

Would you say more about that?

Why do you say that?

Questions that probe assumptions（探讨关于假设的问题）

What are you assuming?

All of your reasoning depends on the idea that _____. Why have you based your reasoning on _____ instead of _____?

You seem to be assuming _____. How do you justify taking that for granted?

Is that always the case? Why do you think the assumption holds here?

Why would someone make that assumption?

Questions that probe reasons and evidence（挖掘原因和证据的问题）

How do you know?

Why do you think that is true?

Are these reasons adequate?

How does that apply to this case?

Is there a reason to doubt that evidence?

But, is that good evidence for that belief?

By what reasoning did you come to that conclusion?

How could we find out if that is true?

Questions about viewpoints or perspectives（探讨观点或角度的问题）

You seem to be approaching this issue from _____ perspective. Why have you chosen this rather than that perspective?

How would other groups/types of people respond? Why? What would influence them?

Can/Did anyone else see this another way?

What would someone who disagrees say?

What is an alternative?

How are Mary's and John's ideas alike? Different?

Questions that probe implications and consequences（探讨启示和结果的问题）

What are you implying by that?

But, if that happened, what else would also happen as a result? Why?

What effect would that have?

Would that necessarily happen or only possibly/probably happen?

What is an alternative?

Questions about the question（关于问题的问题）

How could someone settle this question?

Can we break this question down at all?

Is this question clear? Do we understand it?

Is this question easy or hard to answer? Why?

Does this question ask us to evaluate something? What?

这一框架给教师追问提供了很好的借鉴。以"代沟"这个话题为例，教师如果已经根据问题环对相关问题进行了全盘规划，那么在授课过程中就可以依据主要问题设计系列追问：

主要问题 1：What is a generation?

可能的追问：What are the characteristics of a generation? Why are these characteristics important? How do you know? Why is it important to understand the contributions of each generation?

主要问题 2：What is generation gap?

可能的追问：Why do we have generation gap? What are the possible reasons for generation gap? What effect would generation gap have? How could we bridge the gap? Why do you think your methods would work? What would be the older and the younger generation's responses to generation gap?

这样的追问方式可以推动学生不断思考、不断取舍、不断反思、不断成长。

不过，教师的随堂应变能力也是成功追问的保障。教师要及时抓住学生回答中的缺失内容并选择合适的问题进行追问，才能达到推动学生不断思考的目的。当然，教师在追问的时候还要考虑学生的个体特点和心理承受力的差异，对语言水平较低的学生要注意照顾他们的面子，对于他们能够在全班同学面前勇敢回答问题给予充分肯定，而对本身比较优秀而又喜欢挑战的学生则可以进行更多追问。总之，教师需要找到平衡点，让追问成为有利于学生学习的有效助手。

6.3.3 创造机会让学生发问

大多数教师都认可学生发问的重要性，不少学者也建议教师多让学生发问。Lynch（1991）建议教师允许学生在需要的时候用自己的方式就所学内容提出问题。比如，在倾听了同伴的观点之后，学生可以提出自己的不同看法，双方可以就此进行讨论，在讨论的过程中，思路会越来越清晰，理解也会越来越到位，学生的课堂参与感和收获感也会越来越强，因为他们不再是被动的接受者，而是积极的思考者。但我们发现在实际课堂中教师依然是主要提问者，学生主动发问的机会很少，即使有也是在教师的指导下进行，学生真正思考和提出问题的机会并不多。而教师通常是就学习的主要内容提出问题来检查学生的理解能力，并不是真实的交际。其实，教师在教学的各个阶段都可以创造机会让学生发问。比如，读前可以让学生把自己期待的内容用提问题的方式表达出来，如 "What do you want to know about this passage?" 和 "Do you have any questions about this topic?" 等。学生可以根据题目或图片，提出自己对内容的疑惑，然后带着问题进行学习，这样学习效果会更好。读中可以让学生就所学内容进行提问。当然，学生的提问能力也需要培养。比如，教师可以提前告知他们布鲁姆的提问层次，让他们有意识地提出一些高层次的问题，之后进行小组讨论。在这个过程中，学生看问题的角度不尽相同，他们可以互相学习，从而学会多角度理解问题。读后可以让学生提出批判质疑类的问题并就此展开讨论，以实现批判性的理解。此外，还可以让学生对文中人物直接提问，通过角色扮演、"答记者问"之类的活动，让学生之间进行有意义的问答交际。如果教师能够坚持这样做，那么，课堂氛围会比较轻松和谐，学生思维会比较积极活跃，他们对所学内容的理解也会更加深刻。

6.3.4 调整心态，耐心等候

教师在提问之后，往往会遇到一个沉默期。虽然教师知道学生此时正在思考如何回答问题，但教师的内心往往是焦虑的，这种沉默会让教师产生压力。因此，大多数时候，教师并不会继续默默等候，而是会在等待一两秒之后立刻给出答案或者换一个学生回答以化解沉默带来的尴尬。其实，越是好的问题对学生的挑战越大，他们不太可能在短时间内做出回应。如果教师能够调整好心态，耐心等候，学生给出的回应会更多、更长、更复杂（Lightbown & Spada, 2013）。这样，学生能够更完整地回答问题，更深入地理解所学内容，更全面地形成自己的观点。

第七章　指向思维培养的阅读教学模式

著名心理学家 Goodman（1967）曾说，阅读是一种心理语言学猜测游戏，是语言和思维不断交互作用的过程。阅读的过程涉及复杂的认知过程，阅读能够促进思维发展，思维也会影响阅读效率。指向思维培养的阅读教学模式旨在促进学生思维能力和阅读能力的共同发展。

7.1　苏格拉底圈阅读教学模式

不同于传统的讨论式教学方法，苏格拉底圈（Socratic circle）或苏格拉底式问题研讨法（Socratic seminars）是基于文本，以学生为中心，着重培养学生的思辨能力、创新思维、阅读兴趣及社会交际能力等方面的一种阅读教学模式（Copeland，2005；Lambright，1995）。古希腊哲学家、教育家苏格拉底使用对话和讨论的方式帮助学生深入探索日常事物，反思性地质疑常见信念和假设，仔细检查推理过程和基本概念，完善对基本观念和价值的理解。同样，苏格拉底圈能让教师和学生不再局限于回答"是/否"类问题，而是促使学生反复研读文本，批判性地分析文本，并在讨论中不断挑战自己原有的理解，生成新的理解和想法，这些都有助于培养学生的思维品质。

典型的"苏格拉底圈"由一篇短文和围坐成两个同心圆的学生组成。教师将需要讨论的文本提前发放给学生，供学生在讨论前进行反复阅读和分析。讨论时，坐在内圈的学生负责对文本的内容、思想、结构、写作手法等进行深入探讨；坐在外圈的学生负责记录与观察内圈学生的对话和讨论，并在规定的讨论时间结束后，对内圈学生的讨论做出反馈。随后，内圈和外圈的学生互换位置和角色，开始新一轮的讨论。接下来，我们将详细介绍准备、开展和测评苏格拉底圈阅读教学模式的基本过程和方法。

7.1.1　准备工作

苏格拉底圈为教师和学生提供了一种专注于内容和思想交流的阅读方法及讨论模式，成功开展该阅读教学模式需要教师做大量的准备工作。为此，教师需要在正式开始教学之前做好以下两方面的工作：营造和谐、开放的讨论氛围；明确自己的职责，教学生进行高质量的对话。

1. 营造和谐、开放的讨论氛围

突破学生自我防御的壁垒，营造和谐、开放的讨论氛围对苏格拉底圈的成功开展十分重要。只有让学生感受到讨论氛围是安全的，而且他们的想法是被尊重的时候，他们才会敞开心扉，自由地分享对文本的解读和个人想法。为了达到这个目标，教师可以借助以下几方面：

（1）前辈经验。教师通过分享以前的学生对苏格拉底圈的体验和反思，告诉现在的学生如何有效、自信地开展讨论，减轻甚至消除学生对讨论的误解和恐惧。

（2）座位安排。将座位排成内外两个同心圆，内外两圈的座位数大致相等（见图 7.1）。围成圆形讨论可以使所有人都听见发言者的发言，而且各圈的学生都能看到其他人，以示尊重和平等。

（3）灯光控制。教室里大面积日光灯的强光容易引起紧张的气氛，教师可以适当调暗灯光，关掉一些直射学生的日光灯，提升学生的舒适度，缓解他们的紧张情绪。

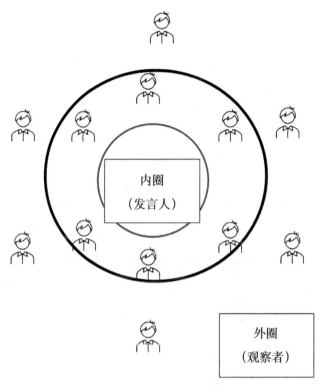

内圈
（发言人）

外圈
（观察者）

图 7.1　苏格拉底圈座位安排

2. 明确自己的职责，教学生进行高质量的对话

虽然学生是苏格拉底圈阅读教学模式中的主体，但这并不意味着教师无事可做。相反，教师需要认清自己在该模式中的重要作用，承担好以下责任：

（1）选择文本。好的文本是成功开展苏格拉底圈的第一步。在讨论前，教师需要根据教学目标选择高质量的文本，而且所选文本要能拓宽学生的视野。高质量的文本一定包含着丰富的思想内容，有值得讨论和思考的问题，能激发学生的好奇心并使他们提出好的问题。文本可以包括多种形式，如诗歌、历史文献、短故事和散文等。文本不需要很长，但需具有一定的争议，可以启发学生在阅读后提出问题。

（2）引导内圈学生讨论。教师应作为辅助者而不是领导者去引导内圈学生讨论，这是苏格拉底圈中最具挑战性的一部分工作。在讨论刚开始的阶段，教师可以根据需要提出 1—2 个问题，为学生示范如何提问，如何进行讨论，帮助学生开启讨论。在讨论过程中，教师可以鼓励学生更细致、深入地探究问题，同时要注意观察内圈学生的讨论技巧，引导学生克服和解决注意力涣散、垄断谈话、评论不当等问题。教师提出的问题不宜过多，也不宜过多干预讨论过程。

（3）指导外圈学生观察内圈学生的讨论。在苏格拉底圈中，外圈学生需要观察内圈学生的讨论并做出评价。教师可以花些时间与外圈学生讨论如何进行高质量的反馈，对学生的观察情况和评语做出评价，引导学生给出基于观察的、具体的、有意义的反馈意见。同时，教师还可以设计相应的反馈表格，帮助外圈学生观察和评价内圈学生的讨论情况。以表 7.1 为例，反馈表格可以既包含封闭式问题，也包含开放式问题，并明确观察和评价的内容。

表 7.1　外圈学生反馈表（Copeland，2005：79）

Socratic Circle Feedback Form

Name _____ Hour_____ Date_____

1. Rate the inner circle's performance on the following criteria: (circle the appropriate number)

Did the participants …	Poor		Average		Excellent
dig below the surface meaning?	1	2	3	4	5
speak loudly and clearly?	1	2	3	4	5
cite reasons and evidence for their statements?	1	2	3	4	5
use the text to find support?	1	2	3	4	5
listen to others respectfully?	1	2	3	4	5
stick with the subject?	1	2	3	4	5
talk to each other, not just the leader?	1	2	3	4	5
paraphrase accurately?	1	2	3	4	5
avoid inappropriate language?	1	2	3	4	5
ask for help to clear up confusion?	1	2	3	4	5
support each other?	1	2	3	4	5
avoid hostile exchanges?	1	2	3	4	5
question others in a civil manner?	1	2	3	4	5
seem prepared?	1	2	3	4	5
make sure questions were understood?	1	2	3	4	5

2. Name specific people who did one or more of the above criteria well.

3. What was the most interesting question asked?

4. What was the most interesting idea to come from a participant?

5. What was the best thing you observed?

6. What was the most troubling thing you observed?

7. How could this troubling thing be corrected or improved?

（4）考核与评估个人和小组表现。教师可以采用正式的或非正式的方式对个人和小组表现进行评估。在评估过程中，教师可以对这次讨论活动进行总结，分析这次讨论的情况以及如何改进以后的阅读教学和讨论过程。

7.1.2　教学过程

苏格拉底圈的基本操作流程如下（Copeland，2005：27-28）：

1. 在开展活动的前一天（教师可以根据文本难度适当调整讨论前的阅读时间），教师将需要讨论的文本分发给学生。

2. 学生阅读、分析文本，并在文本上做好笔记。参与讨论前，学生需要仔细地、批判性地阅读文本，查生词，找出关键词，注释文本，收集相关资料，提出自己的问题等。注释文本可以帮助学生更深层次地参与文本的意义建构，促进积极阅读，并直观地记录阅读时的想法（Porter-O'Donnell，2004：82）。在阅读过程中，学生可以采用不同的方式（如直接在阅读文本上注释或另外制作表格）记录与所读内容相关联的信息、边读边预测出的内容、反思、个人的观点及问题与困惑，供讨论使用。

3. 内圈学生讨论，外圈学生记录。在学生独立完成文本的阅读与分析之后，他们被随机分为人数大致相同的两组。两组学生围成两个同心圆，形成内圈和外圈。内圈学生先大声朗读文本，然后对文本内容进行约 10 分钟的分析和讨论，他们需要认真聆听、思考、提问、发言并回答问题。通常情况下，学生已经准备了很多问题并形成了对文本的个人观点，但他们不知道该从哪个问题开始发问，这就需要教师从其事先准备好的关键性问题中选择一个作为开始讨论的问题，引导学生进行多方位的思考和解读。外圈学生必须安静地观察内圈学生的讨论情况，并做好记录。在下面的对话中，内圈学生在阅读完 Barbara Kingsolver 的 "Beating Time" 之后，对诗歌的感情基调和内容进行了讨论，并认真聆听和回应了同伴发言。

Dialogue inspired by Barbara Kingsolver's "Beating Time"

Jalen: What do you think the tone of this poem is?

Jimmy: It's hard to pin down. There's some anger in there, and there's some regret.

Brittany: I agree. But more than anything I think the writer's upset that Arizona got rid of poetry in all of their classes. Look at the lines and the way she worded things, even in the first stanza—"interdicted ... evicted ... squanders." It's like she's just screaming at the governor.

Stephanie: If people grew up without learning about poetry, none of us would understand it. It's like a whole art form would be lost forever.

Jimmy: It's not like poetry is difficult. I'm sure people could still figure it out even if it wasn't taught in school. I don't understand what she's so mad about.

Jose: You're probably right. People probably would still be able to figure out poetry, but I'm not sure they would figure it out as well or if it would mean as much if we didn't learn about it in school. I mean, every time I read a new poem, it gets easier, and what I learn in one poem I can usually use in another poem.

Stephanie: You lost me.

Jose: Okay. Like right here in the middle of the poem she says, "where the fans overhead/whispered 'I am, I am' in iambic pentameter." If it wasn't for studying poetry in school, I'd have no idea what iambic pentameter was. And I certainly wouldn't pick up on the idea that the noise the fan blades make sounds like iambic pentameter.

Brittany: Yeah, that makes sense. The more you learn about something, the more you are going to understand it.

Jose:	I think it's more than that, though. I think that's her whole point.
Stephanie:	What's her whole point?
Jose:	She's saying that if poetry isn't taught in school, if we don't learn about all the tricks and devices poets use, then we won't be able to understand her, we won't understand all the poetry that's going on around us all the time.
Brittany:	I get it. We become like poetry morons who don't understand or appreciate the beauty of poetry, whether it's written poetry or natural poetry, like the storm and the rain in the last stanza. Then she has no one to communicate with, no one to share what she writes with, and we all just sit there dumb. That's what she's angry about.
Jose:	Exactly.

（改编自 Copeland，2005：5-6）

在这个讨论片段中，我们可以看到，教师完全没有出现，学生从诗歌想要表达的情感、所用语气开始讨论，逐渐深入分析作者的观点及表现手法，组员之间有追问、补充说明、质疑等，思维的火花得到碰撞。

4. 外圈学生进行评价。内圈学生完成讨论后，由外圈学生根据他们的讨论表现做出评价（如用文本内容支持观点、认真聆听他人想法等）并予以反馈，时长约 10 分钟。同时，教师引导外圈学生为下一轮讨论确定一个目标，如让所有小组成员都发表意见。在下面的对话中，外圈学生对内圈学生的讨论内容和表现等方面进行了细致的反馈，教师也适时地对外圈学生的观察情况和评语做出评价，引导和鼓励他们给出具体的、有意义的意见。

Outer circle conversation

Aaron:	Overall I was really impressed with what the inner circle came up with, but there was a lot of interrupting going on and some bickering back and forth between a couple of people. And I know that disagreement

is good and all and that it helps to move the conversation forward and explore new ideas, but I think it could have been handled better. In a couple of spots you guys were downright rude.

Teacher: That's a good observation, Aaron, and an idea I was hoping someone would bring up. What were your initial observations, Sam?

Samantha: I kind of agree with Aaron. Your ideas were really good, but sometimes I think a couple of people in the group were more concerned with others thinking they were right than they were with helping the group move forward. Sometimes it seems like we get bogged down with one or two people arguing over something and the whole conversation just kind of stops and doesn't go anywhere.

Teacher: Excellent point. We lost track of goal there for a while, didn't we? Patrick, your thoughts?

…

(改编自 Copeland, 2005, 75)

在这个反馈中，我们可以看到，教师引导外圈学生就一些细节的交流策略进行反馈，从而引发内圈学生反思刚才的讨论，也能推动全体学生去思考高效、深入的讨论应有的特点。

5. 内外圈学生交换位置和角色。在第一轮讨论结束后，内圈学生和外圈学生交换位置和角色。

6. 新的内圈形成后，进行 10 分钟的讨论，然后接受新外圈学生的评价和反馈。

纵观整个苏格拉底圈的讨论过程可以发现，虽然内圈学生的讨论是苏格拉底圈的关键环节和核心内容，但外圈学生在观察时，同样需要进行批判性的思考，做出有理有据的判断，给内圈讨论带来新的启示，同时也可以把观察到的现象作为自己内省的依据。只有内圈和外圈学生协同工作，苏格拉底圈才是完整的。因此，设计阅读课程时，教师一定要遵循"讨论—反馈—讨论—反馈"

的交替模式。值得注意的是，苏格拉底圈每个流程的时间并不是一成不变的，可以根据具体的学习内容、学习目标、学习重点及学生对阅读步骤和讨论方法的熟悉程度进行调整，确保学生的讨论能够充分、有效地展开。

7.1.3　评价与反馈

教师可以采用多种正式或非正式（如图片和文字记录）的方式对学生的表现进行评价与反馈。教师可以对学生的文本注释进行评分，对外圈学生的反馈表格提出意见，也可以对内圈讨论进行正式评分。比如，Copeland（2005：132）针对内圈讨论制定的评分细则（见表 7.2），突出了与苏格拉底圈至关重要的八个维度：文本阅读和准备工作（reading of text and preparation for circle），讨论参与度（engaged in discussion and stays on-task），用文本内容支持想法（supports ideas with references to the text），鼓励他人思考和参与（encourages thinking and participation in others），认真聆听他人想法（listens respectfully and builds from ideas of others），恰当地表达观点（presents self and ideas in a civil and proper manner），提出深刻的、有逻辑的问题（questions insightfully and uses sound reasoning），以及接受对文本的多种观点（accepts more than one point of view on the text）。教师可以根据教学目标对评价表做出修改，以适应阅读课程和学生的发展需求。

表 7.2 内圈学生评价表

Student: _____ Hour: _____ Date: _____ Topic: _____

Socratic Circle Rubric	Reading of text and preparation for circle.	Engaged in discussion and stays on-task.	Supports ideas with references to the text.	Encourages thinking and participation in others.	Listens respectfully and builds from ideas of others.	Presents self and ideas in a civil and proper manner.	Questions insightfully and uses sound reasoning.	Accepts more than one point of view on the text.
5 Outstanding	Remarks and written work reveal a close, critical reading of the text and thorough preparation.	Demonstrates active and eager participation throughout entire circle. Keeps group on-task.	Makes specific references to text to support and defend ideas on a consistent basis.	Guides the direction and success of the circle and takes steps to involve all participants.	Listens unusually well. Comments indicate very accurate and perceptive listening.	Demonstrates respect and enthusiasm. Works to support all participants at all times.	Questions and ideas are apt, insightful, and logical; and contribute to construction of meaning.	Accepts points of view other than own and uses them to expand ideas and discover new meaning.
4 Good	Remarks and written work reveal a close, critical reading of the text, but preparation appears incomplete.	Active and eager participation in more than 80% of circle. Keeps self on-task always and others at times.	Makes specific references to text to support and defend ideas often and when challenged.	Attempts to guide circle and draw in participants and is most often successful.	Listens well. Pays attention and generally responds well to ideas and questions from others.	Demonstrates respect and enthusiasm. Supports all participants most of the time.	Questions and ideas are apt, insightful, and logical but may not fully help meaning construction.	Accepts points of view other than own and attempts to use them to discover new meaning.
3 Average	Remarks and written work reveal a close reading of the text, but ideas seem to be less than complete.	Active and eager participation in more than 50% of circle. Stays on-task most of the time.	Makes specific references to text to support and defend ideas only when challenged.	Attempts to guide circle and draw in participants but is not always effective.	Generally listens well but is not always attentive as evident in responses or body language.	Demonstrates respect but may be less than totally supportive of others at times.	Questions and ideas are apt and logical but lack insight to move group forward.	Acknowledges other points of view but struggles to use them to expand meaning.
2 Below Average	Remarks and written work do not reveal a close, critical reading of the text.	Some active participation in circle; may be less than eager. Off-task frequently.	Makes few references to text to support and defend ideas even when challenged.	Attempts to guide circle and draw in reluctant participants are not successful.	Comments tend to reflect an earlier failure to listen carefully to what was said.	Speech and manner suggest lack of understanding of purpose. Lacks sense of teamwork.	Questions and ideas reveal personal reaction, but not logical, apt arguments.	Argues with other points of view and reluctantly acknowledges them as a possibility.
1 Not Acceptable	Remarks and written work suggest the text was not read.	No active participation in circle. Others may be distracted by behavior.	Makes no specific references to text to support and defend ideas.	Makes no attempts to guide circle or draw in reluctant participants.	Does not listen adequately. Comments or body language suggestive of inattentiveness.	Does not display respect or enthusiasm for circle or other participants.	Remarks are illogical, difficult to follow, and offer the group no benefit.	Does not acknowledge or accept other points of view.

  无论采用哪种评价方式，教师在最后都需要对讨论活动进行总结和分析，指出在今后的讨论中可以改进的地方。同时，教师也可以提供机会让学生运用和拓展阅读讨论课上产生的想法，帮助学生反思并进一步探索阅读主题。比如，教师可以让学生反思自己在讨论活动中的得失或就所讨论的文本内容写主题报告。根据学生的阅读和讨论情况，教师可以进一步改进自己的阅读教学，促进学生学习。

7.2　阅读圈阅读教学模式

  阅读圈（reading circle）也叫文学圈（literature circle），最早开始于 20 世纪 70 至 80 年代的美国，主要用于文学作品的阅读和分享。经过教师在母语教学中的实践，该模式已经受到普遍认可。它是一种由学生自主阅读、自主讨论与分享，在对话中建构新的意义的阅读教学模式（Copeland，2005；Daniels，

2002；Furr，2007b）。阅读圈是学生以小组分工合作的方式自主深度探讨文本的过程，他们探讨的是自己感兴趣的问题和愿意发掘并解答的问题（Daniels，2002）。通常由4至6名学生组成阅读小组并自主选择感兴趣的阅读材料，共同决定准备阅读的故事、诗歌、论文或书籍，以及要讨论的内容。在独立完成阅读之后，每一位组员根据自己在小组中的特定角色和职责为即将到来的讨论做准备，带着自己希望分享的内容参加讨论。在讨论时，大家围绕所读内容进行深入讨论。讨论完毕，组员再与其他小组分享交流本组讨论的精华内容。之后他们可以选择新的阅读材料，组成新的阅读小组，开始新一轮的阅读圈活动。在阅读圈中，学生要对文本进行深入思考并提出问题，同时也要与生活实际建立联系，从跨文化角度去解读文本，有效地促进思维的发展。

近几年来，外语教育者根据学生的特点对阅读圈活动进行了调整。在大学外语教学中开展阅读圈教学活动，有效地激发了学生的学习兴趣，提升了学生的阅读水平及思维能力，获得了非常好的教学效果（Furr，2007b；Shelton-Strong，2012；陈则航，2016）。接下来，我们将具体介绍阅读圈的准备工作、教学过程以及测评方法。

7.2.1　准备工作

阅读圈活动要求学生在认真阅读的基础上积极思考并提出问题，联系生活实际和文化环境，在小组合作的过程中自主、深度探讨文本，最终达到促进阅读与思考的目的。在阅读活动开始之前，教师需要做两方面的准备工作：阅读圈培训和角色分配。

一方面，很多学生可能不太了解阅读圈或者会对独立阅读感到恐惧，针对这部分学生，教师可以在活动之前做一个简短的培训，具体如下（Daniels，2002：56-57）：

1. 提供一系列阅读文本，让学生挑选自己感兴趣的文本，组成4至5人的阅读小组。

2. 指导学生填写开放式的阅读心得日志（reading response log）。学生可以在日志中记下自己的阅读感受、文本内容与自身有联系的地方或者与其他文本相关的内容、重要的单词和短语、阅读中的问题及评论，或者自己在阅读过程中觉得需要注意的任何地方。

3. 给学生大约 20 分钟的时间进行阅读和写作。小组合作将文本分成几部分，每位组员选择一部分进行阅读，最后大约留 5 分钟时间写开放式的阅读心得日志。

4. 小组同学聚在一起针对文本进行 10 分钟的讨论。在此期间，教师可以观察几个小组，了解他们是如何进行小组讨论的并记录细节。

5. 全班分享和汇报小组的阅读内容及讨论过程。期间，教师可以引导学生去关注和反思他们的团队合作行为（如眼神交流、小组成员间相互鼓励、离题或打断他人说话等）。

6. 让小组重新选择另一本书或另一篇文本，按照刚才的流程在 1 至 2 天内完成阅读、讨论和分享活动。

另一方面，教师要指导研读同一篇文本的学生扮演不同的角色，形成阅读小组，共同深入阅读该文本。学生对阅读圈中各个角色的理解是否准确、能否担任好特定角色，对阅读圈能否顺利实施十分重要。在活动开始前，教师可以引导学生对不同的角色进行讨论（Shelton-Strong，2012）。阅读圈主要包括以下几个角色（Daniels，2002；Furr，2007a；Shelton-Strong，2012）：

1. 讨论组长（discussion leader）：负责组织整个讨论活动，监督活动进度，保障有效交流。组长需要准备一些问题供大家讨论，并邀请组员参与讨论，以保证讨论的互动性。

2. 总结者（summarizer）：负责对所读内容进行总结概括，并与组员分享。

3. 单词大师（word master）：负责摘出文本中的好词供大家学习。单词大师还可以列举容易引起阅读障碍或影响文本阅读的关键词汇，解释其意义及特殊用法。

4. 好句好段分享者（passage person）：负责提炼语篇信息，从文本中提取重要或有趣的信息以及优美的句子或段落分享给组员，并适当进行评论，带领组员欣赏文本的文笔，感受文字的力量。

5. 联想者（connector）：负责将文本内容与外部世界相联系，并准备相关问题引导组员进行评论。联想者可以将阅读文本与自己的生活经验相联系，思考自己身边是否发生过类似的事情，自己的生活中是否有与故事中人物相似的人物，自己是否有故事中人物的所感所悟等。

6. 文化比较者（culture collector）：负责从文本中找到与本国文化相同或不同的内容。

在认真阅读选定材料的基础上，每位成员都有机会选择自己感兴趣的角色，这可以为阅读和讨论提供明确的目的和清晰的方向。通过这六个角色在组里依次汇报、分享和讨论，学生可以有效地对所读内容进行信息加工、思维拓展和深度学习。阅读圈活动可以有效培养学生的阅读策略和能力，因为学生在每次活动中可以选择不同的角色，承担不同的任务。这样，学生有机会从不同的角度阅读文本，不仅可以锻炼不同的能力，还可以促进各个角色间的相互尊重。比如，某位学生这次担任讨论组长，那么他/她可以学会如何提问才能推动大家积极思考和交流；下一次他/她可以担任总结者，提升自己总结信息的能力；之后，他/她还可以担任单词大师，锻炼自己挑选关键词的能力。

除了以上六个常用的角色之外，教师还可以根据文本的需要设置一些新的角色。这里再列举几个角色供参考（Barone，2018；Bernadowski & Morgano，2011；Daniels，2002；Peterson & Belizaire，2006）：

1. 细节追踪者（trivia tracker）：就文本中的细节内容进行提问，以帮助组内成员更好地理解文本内容。

2. 插画家（illustrator）：画出与所读内容相关的插画，可以是素描、卡通画、流程图等。可以用插画表达文本中发生的故事，或者由文本内容引发的想象，甚至是自己的任何想法或感受。展示插画时，可以先邀请同伴发表对插画的看法，然后向同伴说明插画的含义、灵感的来源、对自己的特殊意义等。

3. 研究员（researcher，也可以叫 investigator）：挖掘所读内容中某些话题的背景信息，可能涉及地理、天气、文化、历史等方面；文本创作的背景；作者的信息；文本中所处时代的信息等。研究员并不需要提供正式的调查报告，他/她所做的事情是帮助小组成员更好地理解文本。研究员要研究那些真正使自己感兴趣的话题，可以通过阅读图书介绍、前言以及书中有关作者信息的部分，或者借助网络等手段获取相关信息。

4. 场景描绘者（scene setter）：利用语言、行动路线图或者图表等方式追踪故事发生的不同场景，详细描述每个场景，并指出其在文本中出现的位置。这有助于帮助小组成员了解故事发生在哪里以及场景是如何变化的。

5. 情节分析者（travel tracer）：选择一个场景和一个人物，分析该人物在这个场景中的情绪变化过程并解释原因。

6. 人物特点分析者（character trait finder）：选择一个人物和其身上的一个特点，从所读内容中找出能够表现该人物这个特点的例子。

7. 矛盾发现者（conflict finder）：从所读内容中找到一个矛盾冲突点，解释该矛盾及其类别。

8. 解决方案建议者（solution suggester）：从所读内容中找到一个问题，理解并解释文本中人物是如何解决这一问题的，然后尝试提出另一种解决方案，再沿着这种解决方案的思路去预测故事可能或可以发生哪些改变。

在刚开始进行阅读圈活动的时候，教师可能需要为学生提供关于这些角色的培训，帮助学生理解和掌握这些角色的特征和职责。比如，教师可以让学生填写阅读心得日志或角色任务单（literature circles role sheets），帮助担任不同角色的小组成员在阅读文本后将自己的思想诉诸笔端。如图 7.2 所示，教师可以在角色任务单中明确某一角色的任务，给学生提供完成该任务的方法和范例。

READING CIRCLES ROLE SHEETS
In Reading Circles, each student has their own role. The six roles are usually Discussion Leader, Summarizer, Connector, Word Master,
Passage Person, Culture Collector. These role sheets will help you prepare for your Reading Circle discussions in the classroom.

Discussion Leader

STORY: _____

NAME: _____

The Discussion Leader's job is to . . .

• read the story twice, and prepare at least five general questions about it.
• ask one or two questions to start the Reading Circle discussion.
• make sure that everyone has a chance to speak and joins in the discussion.
• call on each member to present their prepared role information.
• guide the discussion and keep it going.

Usually the best discussion questions come from your own thoughts, feelings, and questions as you read. (What surprised you, made you smile, made you feel sad?) Write down your questions as soon as you have finished reading. It is best to use your own questions, but you can also use some of the ideas at the bottom of this page.

MY QUESTIONS:

1 _____

Other general ideas:

• Questions about the characters (*like / not like them, true to life / not true to life* ...?)
• Questions about the theme (*friendship, romance, parents / children, ghosts* ...?)
• Questions about the ending (*surprising, expected, liked it / did not like it* ...?)
• Questions about what will happen next. (These can also be used for a longer story.)

图 7.2　讨论组长的角色任务单（Furr，2007a：14）

此外，教师还可以充分利用阅读圈的成果实现不同的教学目标。如果想提高学生的提问能力，就可以重点分析讨论组长提出的问题；如果这节课的重点是提高学生的总结能力，就可以着重讨论总结者写的阅读总结；如果想帮助学生记忆相关词汇，就可以重点学习单词大师摘出的单词短语；如果语篇中有明显的文化特色，就可以着重探讨文化比较者找到的文化相关内容，帮助学生提升跨文化交际能力。通过这样有针对性的讲解，学生不仅可以加深对不同角色的理解，而且可以提高阅读和思维能力。

7.2.2　教学过程

阅读圈活动主要包含选书或语篇、选角色、阅读和讨论以及分享四个步骤（Daniels，2002；Furr，2007b；Shelton-Strong，2012）。

第一，学生自主选择阅读材料，组成临时小组，但每个小组的阅读材料应该是不同的。教师则需要指导学生选择他们感兴趣的、难度适宜的文本。例如，教师可以给学生准备 6—8 本主题和难度水平不同的书，鼓励学生去看看封面，翻翻书的前几页，或者与其他读过这些书的学生多交流。在开始阶段，教师可以根据学生的语言水平选择合适的阅读材料。在学生熟悉了这种教学模式之后，教师可以多放手，鼓励学生自己选择阅读文本的题材和体裁，甚至自己选择具体的阅读文本，以保护他们的阅读兴趣（Furr，2007b；Shelton-Strong，2012）。此外，教师也可以根据学生的语言水平将他们分组，保证小组成员的阅读理解水平比较相似，以提高他们的参与度并保证讨论的有效性。

第二，学生在协商的基础上，选择适合自己的角色。在 7.2.1 节中，我们已经介绍了阅读圈中常见的角色及其职责，如讨论组长、总结者、单词大师、文化比较者、情节分析者等。在每一次的阅读圈活动中，教师都可以根据文本需要和特点设定 4—6 个角色，并向学生介绍每个角色的职责。当学生组成小组后，他们可以在组内通过协商分配角色。为了让学生锻炼不同的思维能力以及增进他们对各个角色的理解，教师可以让学生在不同的阅读任务中扮演不同的角色。

第三，进行有目的的阅读和讨论。分配好角色之后，学生依据自己担任的角色有目的性地阅读文本，填写阅读心得日志或角色任务单，为小组讨论做准备。随后，学生根据自己的日志进行小组讨论。学生在阅读和讨论过程中都应该做笔记，讨论时要积极参与并畅所欲言。小组讨论的问题和内容由学生决定，教师只是辅助者和引导者。在学生进行讨论时，教师需要观察并记录各个小组成员的准备情况；在每个小组内停留几分钟，聆听并记录学生精彩的评论和见解；记录学生良好的合作学习的行为；以学生的身份参与小组讨论，切忌"操控"讨论过程；对一些小组的讨论进行录音，以评价学生讨论的质量，针对不足提出改进意见。

第四，根据阅读内容和讨论结果，教师组织小组提问和分享。各小组可以以不同的形式（如图片和幻灯片）展现自己的阅读成果，之后由其他小组的同学对汇报内容进行提问。分享结束后，教师可以做简短的总结，总结学生表现好的方面和仍需加强的方面等（Moen，2004）。在学生讨论完一本书后，教师可依据具体的情况布置读后任务，比如让学生为所读图书设计一个新的封面、画出主要人物的家谱图、根据书中的故事情节进行短剧表演、给书中的一个人物写信、写一篇书评、续写故事等。教师可以鼓励学生以任何方式展现自己对所读内容的理解，这样可以极大地激发学生的想象力和创造力，同时也可以实现读写结合的目的，提高学生的写作能力。

7.2.3　评价与反馈

教师对学生在阅读圈中表现的评价应以形成性评估为主。教学评价不是为了将学生分成三六九等，而是为了激发学生参与的兴趣，改善学生的学习方式，鼓励学生在活动中更好地展示自己的个性和才能（Daniels，2002）。教师可以采用多种方式对学生在阅读圈中的表现进行评价，包括学生对自身的学习过程及学习结果进行自我评价，小组内根据组员的参与程度、合作意识、目标达成情况等进行组内评价，教师根据小组对阅读主题的理解以及对知识的整体建构和掌握情况进行教师评价等。例如，在开展阅读圈活动时，教师可以观察每个学生的准备和参与情况、思维能力、社交能力等；可以让学生扮演观察者的角色，对同伴和自己的表现进行评价；可以让学生写反思日志，反思自己参与阅读圈活动的经历、收获和困难；可以和学生组织面对面的阅读会议，深入了解学生在阅读圈活动中的感受和想法；也可以让学生将阅读圈活动中的相关材料和经历制作成阅读文件夹。

无论采取何种评价方式，阅读圈活动的评价都应该是一个连续的过程，要突出学生的主体地位和评价的促学作用。因此，在开展阅读圈活动前，教师可以和学生一起建构评价方式和标准，明确要完成的任务和可能遇到的问题，这样可以使评价成为学生下一段活动的起点和动力，帮助学生及时反思和调控自己的学习方向、讨论内容、交流方法和成果展现方式。同时，教师需要鼓励学生参与评价活动，让这一次的评价活动为下一次阅读圈活动提供目标和方向，帮助学生改进下一轮的阅读实践方式。

7.3　概念导向式阅读教学模式

概念导向式阅读教学（concept-oriented reading instruction，简称 CORI）模式是美国国家阅读研究中心（National Reading Research Center，简称 NRRC）所发展的阅读教学模式，强调阅读策略、科学概念与知识的学习及阅读动机三者的结合（Guthrie & Klauda，2014；Guthrie *et al.*，2004）。与传统阅读教学模式不同，该模式关注知识目标，将认知策略的训练置于丰富的主题探究中，注重主题探索、合作学习和阅读投入，强调引导学生将阅读资料与情境联系起来，以激发学生对文本的深入阅读和思考，提升学生的思维能力，并最终帮助其成为独立的阅读者和学习者（Guthrie *et al.*，2004；Guthrie *et al.*，2012；Swan，2003）。教师最早是在母语（英语）教学中将 CORI 模式融入科技、历史、文学等主题文本中，发现其可以有效提升学生的阅读策略和对概念知识的习得能力，并激发学生的内在动机，如好奇和自我挑战（Guthrie & Klauda，2014；Guthrie & Wigfield，2017；Guthrie *et al.*，2000）。近几年，外语教育者（如 Grabe & Stoller，2018；Stoller，2004；van Rijk *et al.*，2017；原露等，2015）也开始注意到 CORI 模式在提升学生深层次阅读能力中的潜力，并将其纳入阅读策略教学和以读促学（reading to learn）项目中。接下来，我们将详细介绍 CORI 模式的教学原则、教学步骤以及评价方式。

7.3.1　教学原则

CORI 模式十分强调概念主题（conceptual theme），教师需要教授认知策略，激发学生的内在动机，帮助学生在阅读文本的过程中积极理解和建构知识，探索概念主题（Guthrie *et al.*，2004）。为了提高学生的阅读策略和阅读投入度，Guthrie 等学者提出了 CORI 模式的七项原则（Guthrie *et al.*，1997；Guthrie *et al.*，2012）：

1. 基于概念主题：重要且有趣的概念主题可以为教授阅读理解策略和维持阅读动机提供语境。教师可以根据教学大纲、学生的认知水平、阅读时长和主题的复杂度，为学生选定一个较宽广的主题（如文化、生态等）。一个概念主题下可以有很多个小话题。同时，教师要鼓励学生阅读与概念主题相关的各种文本，以帮助其深入理解相关概念。

2. 与真实世界互动（real-world interaction）：教师可以利用感知体验（如实际观察和动手做事）让学生直接感受与概念主题相关的现象。这种方式可以使学习更加情境化，还能将所读内容与真实世界相联系，促使学生对所体验到的现象进行提问。

3. 自主学习（self-directed learning）：CORI 模式鼓励学生的自主性发展。教师可以让学生根据自己的阅读兴趣和能力，自主设定学习目标，提出感兴趣的问题。

4. 策略指导（strategy instruction）：教师可以采用讲授、示范和练习等方式，逐步帮助学生掌握联系背景知识、搜索信息、以图形化形式组织内容、提问、总结、综合和自我监控等认知策略，并将这些策略运用到多种文本的阅读中。

5. 社会合作（social collaboration）：学生之间的协作可以帮助他们多角度理解文本，同时促进概念学习。教师可以让学生参与不同形式的活动，如同伴合作、小组合作以及全班合作学习文本，探讨概念主题并掌握认知策略。

6. 自我表达（self-expression）：自我表达强调让学生展示其知识和技能，是学生积极阅读的关键要素。教师可以提供充足的时间和空间让学生去想象、规划和修改自己的小主题、表现方式和表达内容。当学生觉得自己的观点被尊重时，他们会有更强的内在动机。

7. 注重连贯性（coherence）：教师应建立教学的连贯性，通过概念主题将阅读教学中的一系列活动、文本、情境及教学大纲连接起来，强化阅读教学的整合性。

7.3.2　教学步骤

为帮助学生与阅读文本进行认知和情感上的互动，并建构以概念主题为中心的知识网络，Guthrie 的研究团队将前述七项教学原则融入 CORI 模式的四个步骤中，以方便教师开展教学（Guthrie *et al.*，2004；Stoller，2004；Swan，2003）：

1. 观察与个人化（observe and personalize）：教师将概念主题与学生的生活经验、感知和已有知识相联系，激发学生的阅读好奇心和探索主题的兴趣。同时，教师组织小组活动，鼓励学生针对概念主题进行提问，制定个性化的学习目标。教师也可以让学生选出最感兴趣的三个问题供全班讨论。

2. 搜寻与检索（search and retrieve）：为了帮助学生理解概念主题，教师可以为学生提供有趣的文本，指导学生做笔记，快速、准确地从文本的各部分提取信息并进行整合，回答提出的问题。同时，教师也可以引导学生去搜索与概念主题相关的可靠信息。

3. 理解与整合（comprehend and integrate）：教师开展阅读策略训练，帮助学生总结阅读文本，将文本内容与已有知识相联系，整合多篇文本信息，并通过绘制概念图、思维导图等方式对概念主题进行分析。

4. 讨论与分享（communicate to others）：学生分组完成阅读项目报告，以多种形式展现自己从阅读中获得的知识，如写作、海报和口头汇报等。同时，教师还可以引导学生进一步分析和评价自己对阅读材料的理解及自己的阅读报告。

以上四个步骤并不是线性进行的，教师需要根据教学情况灵活运用，指导学生在阅读有趣的文本和讨论文本内容的过程中发展认知策略，提升学习动机，深化对概念主题的理解（Stoller，2004；Swan，2003）。

下面，我们以鸟类在世界的分布（Birds around the world）这个主题为例，具体阐释 CORI 模式的教学步骤（见表 7.3）。这个主题一共包含 6 周的课时。在每周的教学中，教师都会融入阅读策略指导（如激活背景知识、提问、搜索信息、做总结等）、科学探究活动（如观察、研究设计、数据的收集与呈现等）、学生动机（如引起学生兴趣、提供有趣的文本等）及阅读与科学的整合活动（如关联、对比等）。学生不仅需要运用阅读策略去理解文意，还需要将所读内容与真实世界相联系，通过自主学习和合作学习对概念主题进行科学探究，更需要对比文本内容与现实生活中的经历。这对提升学生的阅读素养和思维品质都有着非常重要的作用。

表 7.3　CORI 教学步骤: Birds around the world （Guthrie *et al.*, 2004: 7-8）

CORI phases	Weeks	Reading strategy instruction	Inquiry science activities	Motivational processes	Reading-science integrations
Observe & Personalize	1	**Activating Background Knowledge** Relate experience to stories/folktales on bird theme. (Folktale/story— *Owl Moon*)	**Observing** Local habitat (e.g., field trip to local woods) observe land, plants, animals, and populations.	**Initiating Environmental Interest** Notice animals, behaviors, or plants that were new or interesting.	**Relating** Relate birds in story to field observations of birds and their surroundings.
	2	**Questioning** Ask multiple questions about bird survival in diverse land forms of the Earth.	**Designing Experiment** Pose hypothesis about bird feeding and design investigation.	**Student Choices** Write multiple, varied questions; post 3 favorite for class discussion.	**Compare and Contrast** Identify questions that can be answered by reading, science observation, or both.

（待续）

（续表）

CORI phases	Weeks	Reading strategy instruction	Inquiry science activities	Motivational processes	Reading-science integrations
Search & Retrieve	3	**Searching** Gather information from multiple expository texts and media to answer personal questions on birds, and their survival. (Story structuring—*White Bird*)	**Collecting Data** Dissect owl pellet and observe bird feathers.	**Extending Environmental Interest** Attention to new or interesting information from science investigation.	**Connecting Interests** Notice differences between birds in field and birds in legends or stories.
Comprehend & Integrate	4	**Summarizing** Express gist of information texts; write summary of several books. (Story structuring —*White Bird*)	**Representing Data** Make histogram to show owl pellet results.	**Interesting Texts** Students take ownership of ideas learned; show mastery of knowledge related to personal questions.	**Contrasting Domain Learning** Distinguish text and science avenues to learn about ecology and populations.
	5	**Organizing Graphically** Make a concept map of bird survival. Use up to 9 ecological concepts, containing links and relationships. Place on a team science poster. (Story structuring— *White Bird*)	**Organizing Investigation** Team makes poster of owl feeding study, showing scientific method and conclusions.	**Collaborating** In small groups, students exchange ideas and expertise on habitats, birds, and how they survive, as they make individual concept maps.	**Combining Conceptual Learning** Merge results from bird investigations with knowledge gained from books into concept map.

（待续）

（续表）

CORI phases	Weeks	Reading strategy instruction	Inquiry science activities	Motivational processes	Reading-science integrations
Communicate to others	6	**Communicating to Others** Team teaching to audience. Re: Concept map on bird survival around the Earth. (poetry readings)	**Communicating to Others** Team teaching to audience. Re: Science poster on birds feeding investigation.	**Coordinating Motivational Support** *Chart trail of curiosities and learning about bird survival.	**Coordinating Reading & Science** *Chart trail of curiosities and learning about bird survival.

* 表格中带星号的教学活动在 Coordinating Motivational Support 和 Coordinating Reading & Science 两个部分都出现了，表明在学生合作制作海报和展示过程中，教师要关注并激发学生的兴趣，注意学生是否将已有知识和通过阅读获得的新知识整合在了一起。

7.3.3　评价与反馈

与阅读圈活动相同，CORI 模式也是以形成性评估为主。教师可以采用多种方式（如学生自评、同伴评价和教师评价）对学生的表现进行评价。例如，学生可以对自身的阅读过程、阅读动机和阅读结果进行自我评价和反思，也可以对其他学生的阅读表现以及提出的问题进行有理据的评价，并提出可能的改进建议。在该模式中，教师可以观察每个学生的阅读行为、阅读策略以及科学探究过程，并根据学生的表现及时调整和完善阅读教学活动。同时，教师也可以对学生在阅读过程中提出的问题给予反馈，引导学生提出可以进行探究的问题。该模式强调学生的自我表现，因此，教师也可以在阅读开始前就明确要完成的任务，与学生一起建构最终成果的评价形式和标准，还可以邀请学生参与评价最终成果（如报告、表演、海报、短片、诗歌等）。此外，教师还可以组织阅读会议，深入了解学生在该模式中的感受、收获及遇到的困难，分析他们的阅读现状并指导他们为下一次阅读活动制定目标。

7.4　文学体验阅读 READ 教学模式

基于"以读促学"的理念，我国学者黄远振等（2013）建构了英语文学体验阅读 READ 教学模式，主张在大量阅读文学作品的基础上，在语境中认识新事物，接触新思想，发展思维能力。该教学模式的最终目标是培养语言创新思维，帮助学生解读作品内容，对其进行分析、综合、分类和概括；从作者视角思考作品的故事情节，对文本内容进行质疑、评价和解释；从个体视角审视阅读文本，提出个人观点和见解，进行创意表达；发展思维品质。接下来，我们将详细阐述黄远振等（2013）建构的 READ 教学模式的内涵和教学步骤。

7.4.1　内涵

文学体验阅读 READ 教学模式中的 READ 由 reading，exploring，assessing 和 developing 这四个词的首字母缩写组成，代表阅读、探究、评价和发展四个要素。如图 7.3 所示，这四个要素相互交织，层层推进。

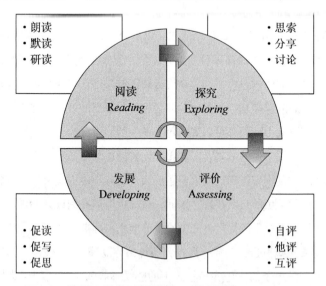

图 7.3　英语文学体验阅读圈（黄远振等，2013：12）

　　阅读分为朗读、默读和研读三种形式。朗读是在准确理解作品的基础上，将读者的个人情感和作者的情感相融合，流利地阅读作品。默读是无声阅读，读者在自主阅读中输入相关信息，并概括大意、了解细节、厘清结构、分析事实和推断事件。研读则是读者与作品内容的深层次互动，运用综合分析、推论、质疑、评价等思维方法探寻文学作品的内在意义。

　　探究则涉及思索、分享和讨论三个层面，涉及阅读活动中的社会化过程。思索是个体与阅读文本的互动，读者根据文字内容和文本结构获取信息，进行预测、推理、评价并提出个人见解。分享则注重个体与群体的互动，如诵读优美句子、解读作品人物和事件、分享阅读心得和经验等。讨论则强调针对阅读文本的某一问题或信息，开展小组合作学习，同伴之间发表和交流观点。

　　评价包含自评、他评与互评，形成性评价贯穿阅读活动的整个过程。自评强调学生在阅读中的自我调控并对自己在知识、能力和情感等方面的发展情况进行评价。他评关注教师对学生阅读表现的动态评价，重点关注学生的阅读态度、思维能力以及通过阅读学习新知识的能力。互评是学生之间的评价活动，同伴互相评价阅读的进展和表现，并将此作为教师评价的重要依据。

　　发展则强调 READ 教学模式的促读、促写和促思目标。通过阅读，学生可以扩大词汇量，培养阅读策略意识，提升阅读素养；学习语言形式和意义，提高语用能力，以写作的方式促进创意表达；提高自身的逻辑思维、思辨能力和创造性思维。

7.4.2　教学步骤

　　依据阅读、探究、评价和发展这四个要素，READ 教学模式相应地分为四个步骤（见图 7.4）。

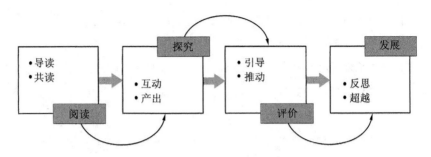

图 7.4　READ 教学模式操作流程（黄远振等，2013：15）

1. "导读—共读"阅读活动

导读强调教师要从动机、目标、内容和方法等方面对学生进行引导。首先，教师可以通过介绍成功案例等方式，让学生产生求知兴趣，并以积极的心态参与阅读活动。其次，教师可以为学生明确阶段性阅读任务。再次，教师可以通过介绍创作背景、简述作品人物和写作特点等方式来引导学生阅读作品。最后，教师还要关注和培养学生的阅读技能，如阅读重在理解作品大意和对事件的推理判断等。共读则指教师和学生组成学习共同体，一起研读文学作品，完成阅读任务。

2. "互动—产出"探究活动

互动包括师生互动、生生互动以及师生与文本的互动。一方面，教师需要为学生创造思维时空，保障学生的个性化阅读和思索。另一方面，教师要组织学生开展分享和交流活动，让学生一起探讨问题。产出则强调读后表达。教师可以设计有意义的开放性必答题和选答题，让学生以书面形式回答。同伴互评后，交由教师检查和评阅。

3. "引导—推动"评价活动

引导与推动强调过程性评价。教师可以使用自评表帮助学生对语言知识（如"通过文学阅读，我积累了一些文学常识"）、认知能力（如"文学阅读中，我能结合当下思考一些问题"）和情感（如"文学阅读中，我能主动和同学交流、分享"）进行自评和反思。自评表既可以引导学生养成自主阅读的习惯，又可以为教师提供真实的评价材料。同时，教师可以根据学生的产出，评选出"最佳创作奖"和"思维之星"等奖项颁发给学生，让学生体验阅读和获奖的快乐，增强自信。

4. "反思—超越"发展活动

在结束阅读活动后，教师可以从学生自评、同伴互评、学生作业、思考题评阅等方面获取学生的学习信息，全方位了解学生的阅读体验。在此基础上，进一步思考如何改进下一单元的阅读教学，帮助学生早日形成爱读、会读、快读、多读的良性循环。这样一来，学生可能会出现超出教师预设的学习行为表现，尤其是自主性会越来越强，阅读素养也能得到全面提升。

7.5　基于语篇分析的阅读模式

语篇指"一系列连续的话段或句子构成的语言整体"（黄国文，1988：7），这些话段或句子之间语意连贯，表达一个整体意义。语篇分析从语篇结构出发，对语言材料进行全面的、科学的、系统的分析，理解其意义，分析其结构模式，评价其语言特点等。它从语篇整体出发，不仅重视语言形式，而且注重语言功能，同时也注重社会意义、文化背景知识和其他相关知识，帮助学生围绕语篇的整体内容解释词句、分析人物性格或时间缘由、总结中心思想和写作技巧，从而培养其获取、分析和评价信息的能力（何继红、张德禄，2016；胡壮麟，2001；李学谦，2005；钟莹倩、张智义，2018）。语篇分析可以从语音、词汇、语法、语义和语篇结构等方面入手，但在实际分析中，我们需要根据语篇的特点，对最突出、最具有代表性的几个方面进行深入分析（黄国文，1988）。语篇分析给学生提供了一种可参照的具体方法，为阅读教学提供了新的思路。不少学者（如 Dwyer *et al.*，2013；Hashemi & Ghanizadeh，2012；李晶、赵波，2013；钟莹倩、张智义，2018）提倡将语篇分析应用于英语阅读教学中，以提高学生的阅读能力。我们在此介绍两种与思维培养密切相关的语篇分析教学模式，以期拓宽英语教学的思路：论证分析（argument analysis）和批评话语分析（critical discourse analysis）。

7.5.1 论证分析

论证分析强调教师指导学生识别、厘清、建构和评价议论文文本中的论证要素，如基于数据的证据（data）、结论（claim）、保证（warrant）、支撑（backing）、反驳（rebuttal）等（Toulmin，2003），提升学生对文本的理解水平，增强思维的逻辑性和深刻性（Barnet *et al.*，2016；Cottrell，2017；du Boulay，1999；To-Dutka，1989）。受以往教育经历和文化背景的影响，论证分析对许多学生十分具有挑战性（du Boulay，1999）。因此，教师可以采用讲解、示范和提问等方式引导学生去理解、分析各论证要素，识别相关标记词，并有理有据地评价各论证要素（如"The writers' conclusion is clear and based on evidence."和"Reasons are presented in a logical order as a line of reasoning."）（Cottrell，2017；du Boulay，1999；Hillocks，2010）。

此外，研究者（如 Dwyer *et al.*，2010，2013；Harrell，2011）也开始使用不同的手段和工具（如 Rationale™ 等）将论证分析过程图像化，用图示呈现论辩的过程，帮助学生进行论证分析和评价。例如，Dwyer *et al.*（2013）对比了论证导图（argument mapping，见图 7.5）、提纲、文本总结以及直接基于文本的论证阅读，发现使用"方框—箭头"有层次地呈现命题和推论关系，可以帮助学生简化并理解论证结构，促进阅读理解，提升思维能力。

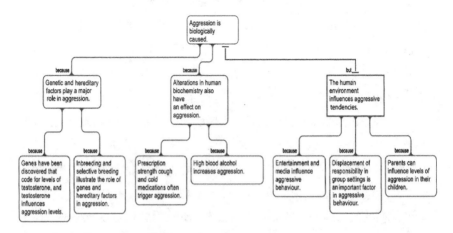

图 7.5　论证导图举例（Dwyer *et al.*，2013：12）

7.5.2　批评话语分析

批评话语分析认为话语是一种社会实践，旨在通过分析语篇中的语言形式深入剖析和解读各种涉及社会公正和权力关系等的重大问题，揭示其隐含的意识形态意义和权力关系，并解释其存在的社会条件和在权力斗争中的作用。这对培养学生的阅读能力和思辨能力具有重要意义（Cots，2006；Fairclough，1992；Hashemi & Ghanizadeh，2012；李桔元，2008）。批评话语分析包含实证主义的语言学分析工具和后结构主义、批判现实主义的阐释工具（欧阳护华、熊涛，2013）。

根据批评话语分析的特点，基于批评话语分析的阅读教学可以从三个维度进行（Cots，2006；欧阳护华、熊涛，2013）。

第一，基于社会实践（social practice）的批判性视角。在这一维度下，教师需要引导学生讨论和反思以下问题：

1. 文本是如何表征这个世界的，这是否与我们自己的表征有冲突？

2. 文本的作者是谁？代表了谁的声音？有何目的和功能？作者的意识形态是如何影响文本对这个世界的表征的？

3. 文本的预设读者是谁？它会如何强化或改变读者的意识形态和立场？

第二，基于话语实践（discourse practice）的批判性视角。这一维度主要关注与文本密切联系的交际场景。在阅读教学中，教师可以引导学生探索以下方面：

1. 文本出处及其与其他相同话题文本之间的交错互文关系。

2. 文本中的不同命题或议题如何影响文本的整体连贯性？

3. 文本是否考虑到了读者的相关背景知识和经验？

第三，基于文本实践（textual practice）的批判性视角。这一维度主要在语言学框架中展开。教师引导学生分析文本中的词汇、语法、语用等特征，对文本进行解构，揭示其蕴含的价值观和意识形态。

接下来，我们将以文本 An unusual community（Cots，2006：337）为例，探讨教师如何从批评话语分析的三个维度引导学生进行批判性阅读。

An unusual community

The Amish live in Pennsylvania, USA. They came from Switzerland and Germany in the eighteenth century and live together on farms. Although they live just 240 kilometres from New York City, their lifestyle hasn't really changed in the last 250 years. They've turned their backs on modern materialism: cars, high technology, videos, fax machines, etc. and they have very strict rules which they all have to follow.

They can't use electricity, so they have to use oil lamps to light their houses. They are allowed to use banks and go to the doctor's but they can't have phones in their houses. They use horses for transport because they aren't allowed to fly or drive cars or tractors. They can play baseball and eat hot dogs but they can't have TVs, radios, carpets, flowers, or photos in their houses. Although the Amish don't have churches they are very religious.

基于批评话语分析的三个维度，教师可以从以下问题入手，引导学生开展批判性阅读（Cots，2006：339-341）。

表 7.4　批评话语分析指导下的英语阅读示例

维度	示例
社会实践	• Are the Amish typical American people? Why? • In your opinion, who wrote the text? An Amish or a non-Amish person? Try to justify your answer. • What do you think of the Amish after reading the text? Would you like to be an Amish?
话语实践	• Where can you find a text like this? What kind of readers is it addressed to? Is it written for Amish or non-Amish people? • What is the "point" of the text? What is the author trying to tell us? What do you remember from the Amish after reading the text? • What do you know about New York or the USA? The Amish live near New York. Are they really "an unusual community"? How does the author of the text try to show us that they are "unusual"?

（待续）

（续表）

维度	示例
文本实践	<ul><li>What linking words connect the following ideas in the text? Living near New York < > Lifestyle of the Amish Using banks and going to the doctor's < > Having phones Playing baseball and eating hot dogs < > Having TVs, radios, carpets ... Having churches < > Being very religious</li><li>Are the ideas on both sides presented as paradoxical or contradictory?</li><li>Look for examples in the text containing the verb *can/can't*. What *can* the Amish do? What *can* the Amish *not* do? Next look for examples containing the verbs *have to* and *allow*, expressing obligation. What are the Amish obliged to do?</li><li>Fill in the "you" column in the table below and say in each case if the word/phrase in question has a positive (+) or a negative (−) meaning for you. When you have finished, do the same to fill in the "Amish" column according to what the text says.</li></ul><table><tr><td></td><td>You</td><td>Amish</td></tr><tr><td>Change</td><td></td><td></td></tr><tr><td>High technology, videos</td><td></td><td></td></tr><tr><td>Strict rules</td><td></td><td></td></tr><tr><td>Travel by plane</td><td></td><td></td></tr><tr><td>Flowers</td><td></td><td></td></tr><tr><td>Being very religious</td><td></td><td></td></tr></table><ul><li>How often do you have the same symbol in both columns? What conclusions can you make?</li></ul>

第三部分

英语阅读教学案例

第八章 教学案例一（Reading circles）

在前七章中，我们介绍了阅读教学设计的主要原则、方式、评价方法等，还介绍了如何设计指向学生思维发展的阅读教学活动。在第八至十二章，我们将展示一些具体的教学案例，阐明大学英语教学中的阅读活动设计思路。

本案例所用文本为 New Headway English Course 第三单元中的阅读文本 The man who sold his wife。该文选自英国小说家托马斯·哈代在 19 世纪 80 年代中期创作的长篇小说《卡斯特桥市长》（The Mayor of Casterbridge），这篇小说描写的是 19 世纪初叶发生在英国乡村市镇上的一出悲剧。选文内容讲述的是主人公 Michael Henchard 醉酒之后将妻女公然拍卖的故事。这一片段描述手法细腻，人物形象跃然纸上，非常具有画面感，人物的内心情感及其变化也通过文字有力地传达出来了。文本主题也能引发学生对婚姻、家庭、事业等话题进行深入思考，非常适合培养学生的思维能力。

本节课授课学期为大一下学期，对象为英语专业大一学生，上课时长为 90 分钟。为了更好地发挥学生的主观能动性，让学生自主阅读、分享阅读感想，教师组织学生通过阅读圈活动开展小组自主学习。学生通过独立阅读文本—完成各自任务—小组讨论的方式交流学习内容，达到促读互学、多维度深层次挖掘文本的目的。

本节课的教学目标为：

1.学生能够获取、梳理故事发展的脉络和人物情绪变化的过程；

2.通过阅读圈活动，学生能够从不同角度理解故事；

3.学生能够对故事中的人物进行评价；

4.学生能够预测故事情节的发展并给出理由。

本节课的具体流程如下：

案例一教学步骤

Lead in **Look at the title and picture and answer the questions:** Who is the man holding the bottle? Who are the woman and the child standing next to him? Where are they? What is happening? What do you think will happen later?	Step 1 在阅读文本之前，教师通过题目和主题图，让学生预测故事内容，激发阅读兴趣。 在预测过程中，教师引导学生对主人公的外貌、职业、心理活动等做出预测，并根据需要预教一些生词或相关的词汇（如 hay-maker、auction、sober、fuddled 等）。此外，学生也要预测故事的起因和发展，为阅读做好准备，这样做也能发挥学生的想象力。
Comprehension check 1. What is happening? 2. Why does Michael do this? 3. How does the wife feel? Does her feeling change? If so, how? 4. What is the ending of this episode?	Step 2 在充分激活学生的背景知识并激发了他们的阅读兴趣之后，教师给学生时间完成第一遍阅读，之后回答这四个问题。通过这四个问题，学生可以大致了解故事选段的发生、发展和结局。

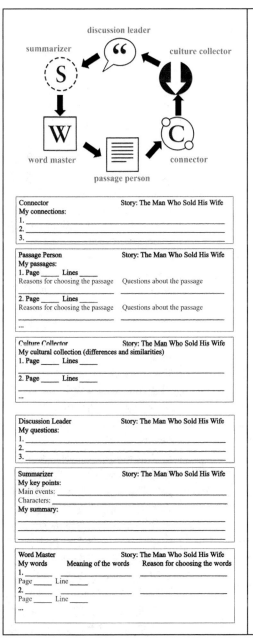

Step 3

1. 教师把学生分成六人一组，每人负责一个角色，每个角色都有一张任务卡。

2. 教师给学生足够的时间完成第二遍阅读。在这一遍阅读的过程中，学生需要完成自己的任务卡，做好分享的准备。

3. 学生进行组内分享，由讨论组长负责组织分享活动。

4. 教师组织全班反馈，激发学生分享的积极性，从每个角色处获得一些值得记录的信息，记录在黑板上，从而实现从不同角度理解故事的目标。

What do the following quotations from the text mean?

... you may make it once too often, ...
Her present owner is not to her liking!
Saying is one thing, and paying is another.
Upon these, he chinked down the shillings severally ...
Their eyes became riveted upon the faces of the chief actors, ...
... in a pocket with an air of finality.
Come along! ... The little one, too. The more the merrier!
... she took up the child and followed him as he made towards the door.
... flung it in the hay-maker's face.
... I'll try my luck elsewhere.

Step 4

在结束阅读圈活动之后，学生对文本的理解应该已经非常深入了。接下来，教师通过这个活动来引导学生关注文本中的语言知识，让学生用自己的话解读这些语句以确认学生的理解是否到位。教师还可以引导学生关注作者刻画人物和创设画面感的写作手法，必要的时候可以请学生有声有色地读出来，或利用肢体语言表达出来，这样也可以使学生为后面的表演做好准备。

What do you think of the characters?

Which of the adjectives (add more if you wish) do you think describe Michael, Michael's wife and the sailor? Give reasons for your choice.

unhappily married	immature	irresponsible
polite	kind-hearted	sober
self-pitying	long-suffering	sensible
thoughtful	insensitive	reckless
pitiable	belligerent	
disloyal	unreliable	

Step 5

在学生理解了故事并完成了语言学习之后，教师通过这个活动引导学生对故事中的人物进行评价，使学生在加深对故事理解的同时，学习用于评价人物的形容词。将词汇学习融于对主题意义的探究之中，有利于学生对词汇的理解和应用。

Prediction

1. Does Michael regret his actions when he wakes up?
2. Does he ever see his wife and child again?
3. Does the sailor take them far away?
4. Will Susan have better luck with the sailor?
5. Does the little girl have a good and happy future?
6. Which characters are happy and successful in the end?

Step 6

这个活动要求学生对后续情节做出合理推测。需要指出的是，教师在这个活动中要通过追问的方式请学生说出自己的理由，尤其要请学生从所读内容中找到一些情节、语言、人物描写方式等细节来支撑自己的推断。这样，学生会特别注意情节和人物形象之间的衔接，他们思维的逻辑性和严密性能够得到发展，同时，也能再次巩固本节课所学的语言知识。这个活动也能充分发挥学生的创造力和想象力。

| **Act out**

1. Listen to a dramatized version of the story. Comment on the performance.
2. Act out the story with your group members. | Step 7
最后，教师让学生听这个故事的广播剧版本，然后将其与自己阅读时的感受相对比，看看用声音表现出的人物形象与阅读时自己想象的人物形象之间是否有不同，对自己理解故事情节是否有帮助，同时让学生对演员的表现进行评价。之后，可以请学生选择其中的一部分内容，分组进行表演。（注：如果课堂时间不够，这一环节可以留作家庭作业，下节课再请学生表演和交流。） |

案例点评：

如前所述，阅读圈活动非常适合文学作品阅读教学，其目的是鼓励学生深入思考，从不同角度去理解所读内容。本节课阅读内容为小说节选，非常适合采用阅读圈活动的方式进行授课。授课对象为英语专业学生，学生的学习积极性高，语言基础比较好，能够有效参与课堂活动。教师前期已经分别对阅读圈活动中的每个角色进行了训练，即学生已尝试过所有角色，比较熟悉阅读圈活动的操作流程和要求，因此，课堂组织会比较顺利。

本节课主要关注学生对小说内容的理解，通过讨论组长、总结者、单词大师、好句好段分享者、联想者和文化比较者这六个角色引导学生关注故事发生的背景，分析人物行为和心理变化，思考婚姻中夫妻的角色及关系，并从跨文化的角度对故事形成深层次理解。广播剧的加入能够丰富学生的情感体验，让学生通过多模态的输入以及自己的表演输出，实现与文本的互动和意义表达。在阅读过程中，教师很好地关注了学生的思辨能力，注重引导学生去进行深层次的、有理据的思考。教师应尽量避免直接给出自己的观点，而是要尊重学生的观点，鼓励学生主动质疑、思考，结合已有知识经验对故事的深层次含义进行积极的自主探究，从而对主人公及其行为做出自己的分析和评价。同时，教师也在积极培养学生的提问意识。在本节课上，担任讨论组长的同学基于故事提出了很多有意思的问题，教师从各组提出的问题中筛选出了有价值的问题并将其写在黑板上进行班级展示。其中一些问题也比较有深度，如"Why do you think Michael wanted to sell his wife?""Why was he unsatisfied with his wife?" "What kind of life did Susan experience?""What was the relationship like between Michael and Susan?""What are your comments on the theme of 'the ruin of good men by bad wives'?""Why did the sailor buy Susan?""What would their marriage be like?"等。思辨能力就是在反思、质疑和解决问题的过程中形成和发展的。学生在问题引导下进行分析、推理、论证说明、对照反思，形成合理解释，做出自我判断，并逐渐养成批判性阅读的习惯。此外，教师还关注了学生创新思维、逻辑思维的培养。预测活动让学生有了想象的空间，而教师的不断追问又能推动学生进行思考，从而能够合理推测，让自己编的故事符合逻辑且能与所读故事之间自然衔接。

此外，除了对故事内容的探究，教师还关注了语言的学习，引导学生学习作者刻画人物和场景的手法，并通过声音和肢体动作来表演，实现了从对文本的学习理解到对语言的应用实践的升华。从输入到吸收再到输出，学生在教师的引导下，在对内容进行深层挖掘和探究的过程中，实现了语言、思维、文化的融合发展。

文本：

The man who sold his wife

The conversation took a turn. The theme now was the ruin of good men by bad wives, and, more particularly, the frustration of many a promising young man's high hopes by an early marriage.

"I did it myself," said the hay-maker with bitterness. "I married at eighteen, like the fool that I was; and this is the consequence o't." He pointed at himself and family. The young woman, his wife, who seemed accustomed to such remarks, acted as if she did not hear them.

The auctioneer selling the horses in the field outside could be heard saying, "Now this is the last lot—now who'll take the last lot? Shall I say two guineas? 'Tis a promising brood-mare, a trifle over five years old."

The hay-maker continued. "For my part, I don't see why men who have got wives and don't want 'em shouldn't get rid of 'em as these gipsy fellows do their horses. Why, I'd sell mine this minute if anyone would buy her!" The fuddled young husband stared around for a few seconds, then said harshly, "Well, then, now is your chance; I am open to an offer."

She turned to her husband and murmured, "Michael, you have talked this nonsense in public places before. A joke is a joke, but you may make it once too often, mind!"

"I know I've said it before, and I meant it. All I want is a buyer. Here, I am waiting to know about this offer of mine. The woman is no good to me. Who'll have her?"

The woman whispered; she was imploring and anxious. "Come, come, it is getting dark, and this nonsense won't do. If you don't come along, I shall go without you. Come!" She waited and waited; yet he did not move.

"I asked this question and nobody answered to't. Will anybody buy her?"

The woman's manner changed. "I wish somebody would," said she firmly. "Her present owner is not to her liking!"

"Nor you to mine," said he. "Now stand up, Susan, and show yourself. Who's the auctioneer?"

"I be," promptly answered a short man. "Who'll make an offer for this lady?"

"Five shillings," said someone, at which there was a laugh.

"No insults," said the husband. "Who'll say a guinea?" Nobody answered. "Set it higher, auctioneer."

"Two guineas!" said the auctioneer; and no one replied.

"If they don't take her for that, in ten seconds they'll have to give more," said the husband. "Very well. Now, auctioneer, add another."

"Three guineas. Going for three guineas!"

"I'll tell ye what. I won't sell her for less than five," said the husband, bringing down his fist. "I'll sell her for five guineas to any man that will pay me the money and treat her well; and he shall have her for ever. Now then, five guineas and she's yours. Susan, you agree?" She bowed her head with absolute indifference.

"Five guineas," said the auctioneer. "Do anybody give it? The last time. Yes or no?"

"Yes," said a loud voice from the doorway.

All eyes were turned. Standing in the triangular opening which formed the door of the tent, was a sailor, who, unobserved by the rest, had arrived there within the last two or three minutes. A dead silence followed.

"You say you do?" asked the husband, staring at him.

"I say so," replied the sailor.

"Saying is one thing, and paying is another. Where's the money?"

The sailor hesitated a moment, looked anew at the woman, came in, unfolded five crisp pieces of paper, and threw them down upon the table-cloth. They were Bank of England notes for five pounds. Upon these, he chinked down the shillings severally—one, two, three, four, five. The sight of real money in full amount had a great effect upon the spectators. Their eyes became riveted upon the faces of the chief actors, and then upon the notes as they lay, weighted by the shillings, on the table. The lines of laughter left their faces, and they waited with parted lips.

"Now," said the woman, breaking the silence, "before you go further, Michael, listen to me. If you touch that money, I and this girl go with the man. Mind, it is a joke no longer."

"A joke? Of course it is not a joke!" shouted her husband. "I take the money, the sailor takes you." He took the sailor's notes and deliberately folded them, and put them with the shillings in a pocket with an air of finality.

The sailor looked at the woman and smiled. "Come along!" he said kindly. "The little one, too. The more the merrier!" She paused for an instant. Then, dropping her eyes again and saying nothing, she took up the child and followed him as he made towards the door. On reaching it, she turned, and pulling off her wedding-ring, flung it in the hay-maker's face.

"Mike," she said, "I've lived with thee a couple of years, and had nothing but ill-temper! Now I'll try my luck elsewhere. 'Twill be better for me and Elizabeth-Jane, both. So good-bye!"

第九章 教学案例二[1]（Concept-oriented reading instruction）

本案例教学内容选自《新大学英语综合教程·鼎新篇》，阅读文本题目为 Problem of identity in globalization。文本中的核心概念是 cultural globalization，主要论证了全球化会侵蚀民族文化和个人身份的观点。本课程的学生为非英语专业大一学生，他们在本节课之前已经对关键词 identity 进行了相关学习。

本节课的教学目标为：

1.学生能够获取、梳理两篇文本[2]的主要内容和观点；

2.学生能够对两篇文本的观点进行评价；

3.学生能够就 cultural globalization 发表自己的观点。

本节课的具体流程如下：

案例二教学步骤

Lead-in A two-minute speech on Who are you?	Step 1 在阅读文本之前，教师通过让学生做演讲和分析他人演讲内容的方式将文本关键词 identity 与学生的感知经验相结合。这样既可以帮助学生回顾上节课有关 identity 的内容，也可以激发学生进一步探索该主题的兴趣。

---

1 本案例由重庆大学外国语学院李晓辉老师提供。

2 第二篇文本为教师自选，本书未提供。

Lead-in

- Who are you?
- What makes you different from others?
- Who are your members or your party?
- What behaviors can define you? Give some examples.
- ...

What shapes our identity?

Step 2
在回顾与 identity 相关的内容后，教师引导学生去思考影响 identity 的因素，这为引出本节课的主题 cultural globalization 奠定了基础。进行全班讨论可以激发学生的阅读兴趣和探究兴趣。

Cultural globalization

Cultural globalization **refers to the** *transmission of ideas, meanings and values across national borders. This process is marked by the spread of* commodities and ideologies (意识形态) which become standardized around the world.

Step 3
基于对影响 identity 的因素的讨论，教师引出文本关键词 cultural globalization，并列举了一些典型的全球文化产品和服务，帮助学生初步了解 cultural globalization 的含义以及该文本的文化背景。

Text map: Problem of Identity in Globalization

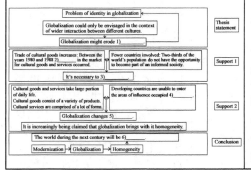

Step 4
在激活学生的背景知识后，教师指导学生利用文本关系图（text map）梳理文本中的论点、证据和结论，并以"方框—箭头"的形式有层次地呈现各论证要素之间的关系。这既可以帮助学生简化和理解论证结构，促进学生对整篇文本的理解，也可以培养学生以图形化形式组织和总结内容的阅读策略。

Reading: Problem of Identity in Globalization Read the passage and find answers to the following questions 1) What is the consequence of the consumption of standardized goods and Foreign Direct Investment? 2) Why couldn't two-thirds of the world's population benefit from global economic growth? 3) What makes up cultural goods and services? 4) What is the consequence of the invasion of cultural goods and services? 5) Why do some people protest in Seattle, Davos, and Geneva? 6) Why will the world in the next century be less colorful and picturesque?	**Step 5** 在学生对全文有一个整体了解之后，教师设计了 6 个问题，引导学生在小组中对文本进行精读，这有助于提高学生快速、准确提取信息的阅读技能，进一步加深对文本主题的理解。 在小组讨论的基础上，教师让学生对上述问题发表自己的意见，对文本内容做出回应并进行评价。
Further your thinking How would you understand the sentence "The world during the next century will be less colorful and picturesque than the one we have left behind"? Please explain why the author says so and present your opinion on the sentence. You can either agree or disagree with the sentence. Writing	**Step 6** 在评价性理解的基础上，教师着重引导学生去分析和评价文本中的关键句，并引导学生表达自己的观点。这样既提升了学生的思辨能力，也为学生之后完成写作任务，即分析作者的论述过程，评价作者的结论，打下了基础。
Further your thinking "The world during the next century will be less colorful and picturesque than the one we have left behind." Do you agree? Hot Seat Debate!	**Step 7** 因为学生在写作过程中可能会对作者的结论有不同的观点，所以教师特意安排了热议席（Hot Seat Debate）这个活动。在辩论中，学生基于同伴的论点，到热议席上表达自己的论点。这样可以让所有学生加入辩论，提升他们思想的深度和广度。

Expand your thinking Each group would read a second passage about cultural globalization in 10 minutes and draw a text map to illustrate it. Make sure that every member understand the text well.	**Step 8** 在学生对第一篇文本有较全面的理解后，教师让学生快速阅读另一篇与主题 cultural globalization 相关的文本，并绘制文本关系图。这样可以帮助学生运用和巩固在阅读第一篇文本中学习到的阅读策略（以图形化形式组织和总结内容）。同时，它也可以为学生理解概念主题提供一个不同的视角，提升学生思维的宽度。
Construct your understanding Having read the two passages, please draw a mind map of the key word cultural globalization based on what you've learned from the two passages.	**Step 9** 学生在阅读和综合两篇文本内容的基础上，通过小组合作绘制思维导图（mind map），对文本主题进行分析和阐述，形成自己的理解。这一环节是学生进行概念学习的关键，教师也可以适当鼓励小组成员去搜索和阅读与主题相关的信息，丰富他们对主题的理解。
Present your understanding Present and explain your mind map to the whole class.	**Step 10** 这是本次阅读的最终输出活动，小组成员在思维导图的基础上，口头汇报他们对概念主题 cultural globalization 的理解。同时，其他小组对汇报内容进行评价。这种自我表达可以让学生觉得自己的声音和观点在班级里得到了尊重，有助于增强他们参与阅读活动的动机。

案例点评：

　　本节课围绕 cultural globalization 这一主题展开，目标是帮助学生理解这一概念，并使学生能够就这一概念形成结构化知识，包括如何理解全球化、为什么会形成全球化、全球化对社会文化身份产生的影响、全球化对世界可能带来的影响等。在导入部分，教师将概念主题与学生的生活经验、感知和已有知识相联系，从学生的 identity 入手，既激发了学生的已有知识，又激发了学生对阅读的好奇心和探索主题的兴趣。在学习过程中，教师利用思维导图培养学生获取、梳理、整合信息的能力。学生通过思维可视化工具，将自己对文本的理解转化成结构化图形，以清楚地理解重要概念。在此基础上，教师安排热议席活动可以提升学生的思辨能力，让学生有效表达出自己的见解和看法。同时，教师还创造条件，帮助学生运用上述策略阅读第二篇文本。在学生阅读完两篇主题相同的文本之后，教师再次让学生通过思维导图的方式整合两篇文本内容，对 cultural globalization 这一主题进行分析和阐述，形成自己的理解，让思维导图成为学生整理自己思路的有效工具。增加第二篇同主题文本的阅读，凸显了概念导向式阅读教学中的理解与整合过程，这有助于培养学生多文本阅读的能力，扩大学生的视野，刺激学生多方位理解和思考本节课的核心概念。在讨论与分享阶段，学生不仅有机会分享他们对概念主题 cultural globalization 的理解，还有机会评价其他小组的理解，能较好地体现学生的综合阅读效果。总体来说，在教师的引导下，本节课十分注重自主学习、策略指导和同伴合作，也十分重视创造机会让学生展示自己的知识和技能，能有效地引导学生层层深入地探究主题意义并增强学生参与阅读活动的动机。

　　教师在提升学生思辨能力方面也做了比较好的尝试。一是在读完第一篇文本之后，通过热议席活动让学生形成自己的见解和看法并有效地表达出来。二是增加了第二篇同主题文本，培养了学生多文本阅读的能力，提升了学生对所读内容进行比较、甄别和整合的能力，扩大了学生的视野，刺激他们多方位理解和思考所读内容。整体而言，在教师的引导下，学生对于主题意义的探究做到了层层深入，最后的输出活动也很好地体现了他们的综合阅读效果。

　　本节课的教学设计还有可以改进的地方。一是对于语言的学习未能真正落实。学生所读的两篇文本均有一定的难度，可能会遇到生词和长难句，教师可以在读前创设情境，预教一些无法根据上下文猜测词义的单词，降低阅读难度。在读中也可以巧妙处理语篇中比较难理解的句子，帮助基础薄弱的学生准确理解语篇内容。二是对于学生思维的训练缺乏必要的指导。本节课确实非常重视思维的培养，但教师在学生参与课堂活动的过程中要给予相应的指导，否则学生容易原地踏步或只能取得一点点进步。比如，教师可以对思维导图的使用进行指导，还可以对如何论证自己的观点以及如何给出理由等问题进行比较细致的指导，这样才能更好地提升学生的思维能力。

文本：

Problem of identity in globalization

Dr. R. Murali

Although essentially an economic phenomenon, globalization could only be envisaged in the context of wider interaction between different cultures, and it is this aspect of globalization, its cultural over-spill, as it were, that many see as a greater threat than its purely economic aspect. Voices came to be raised against the globalization process, which comes from the fear that such a process might erode national cultures and individual identities. The specific cultural identities are at risk of being altogether lost or, at best, greatly diluted, in the context of globalization. Mass consumption of standardized goods brought up by international trade and Foreign Direct Investment in cultural and other sectors may be seen as negative because it crowds out self-produced, traditional and locally manufactured goods and services or tends to reduce the perceived value of these goods to their so-called "pure" market value.

Economics is the most important dimension of globalization, which affects politics, and politics in return affects economics, and both of these affect the cultural dimension of globalization. The cultural trade of goods and services between countries is conducted within the framework of a global economic system. Between the years 1980 and 1998 a 5-time increase in the market for cultural goods and services occurred. The information-society's most important component is the cultural industry, which is expanding at an incredibly rapid rate. Just as the products of these industries can create cultural values, or change them, as well as function to strengthen cultural identity, they can also hasten their disappearance. According to the UNDP Human Development Report published in 1999, two-thirds of the world's population are unable to benefit from global economic growth, based on international trade and developing technologies, and do not have the opportunity to become part of an informed society. This brings about the necessity to discuss whether or not "culture" can be regarded as any economic process within globalization economics.

In order to understand the fundamental importance of the issue, let us examine how much of a portion of our lives is encompassed by cultural goods and services: Cultural goods consist of a variety of products such as books, magazines, multimedia products, etc. Cultural services are comprised of libraries, documentary centers, museums, etc. As of 1998, the world's 5 largest cultural exporters were Japan, USA, UK, Germany and China, exporting 53% of cultural goods and services while maintaining an import rate of 57%. In the 1990's the concentration of large firms in this market established an oligopoly, in the global sense. In the year 2000 nearly half of the world's cultural industries were located in the USA, 30% were located in Europe, with the remainder being located in Asia. Today, 85% of movies seen in the world are made in Hollywood, whereas on the African continent, an average of 42 films are produced a year. In Chile and Costa Rica 95% of the films viewed are imported from the USA.

Cultural goods and services produced by rich and powerful countries have invaded all of the world's markets, placing people and cultures in other countries, which are unable to compete, at a disadvantage. These other countries have difficulties in presenting the cultural goods and services, which they have produced to the world market and therefore are not able to stand up to competition. The natural result is that these countries are unable to enter the areas of influence occupied by multinational companies of developed countries.

Globalization challenges the authority of states, and even it changes the nationalistic awareness of people, the truth is that, the roots of the identities of societies and cultures may be forced to change very much. But it is to be noted that the struggle for identification on the local (micro) level is increased. Who would want to break off all cultural ties in order to be a world citizen? Today throughout the world, in the midst of the discussion on globalization, it is increasingly being claimed that globalization brings with it homogeneity and that the identity of countries, in short their cultures, are becoming destroyed. The protest marches in Seattle, Davos, and Geneva indicate that the subject of globalization and cultural identity needs to be taken much more seriously.

The world during the next century will be less colorful and picturesque than the one we have left behind. Local fêtes, dress, customs, ceremonies, rites and beliefs that in the past have contributed to the rich panoply of human folkloric and ethnological variety, are fading away or becoming the preserve of minority and isolated groups, whilst, the bulk of society abandons them, adopting more practical habits better suited to our times. This is a process that to a greater or a lesser degree is experienced by all countries of the globe, not due to globalization but to the modernization that eventually causes globalization. This phenomenon can be regretted and we can feel nostalgia for the eclipse of tradition and past ways of life that appear, in our eyes from the comfort of our present situation, attractive, original and colorful.

第十章　教学案例三（PWP & Six thinking hats）

本案例阅读文本为 To work or not to work—That is the question，选自《新视野大学英语（第三版）读写教程 1》。文本采用研究报告的形式，呈现了兼职工作对学生学习及学业表现的影响。本课程的学生为非英语专业大一学生。

本节课的教学目标为：

1.学生能够提炼出作者的观点；

2.学生能够运用思维导图总结文本内容；

3.学生能够总结研究报告的主要组成部分和写作特点；

4.学生能够利用"六顶思维帽"方法深入探讨中国大学生的兼职问题。

本节课的具体流程如下：

案例三教学步骤

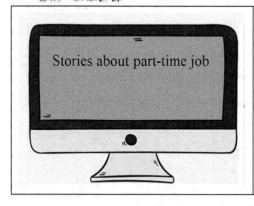

Step 1
教师播放一段关于兼职的视频，提炼出视频中的关键词和主要观点，激发学生对"一边学习，一边工作"这个问题的思考。

Think and Discuss ➤ If you are going to work part-time, what job would you like to take? Why? ➤ Do you think taking part-time jobs while learning is good or bad? Explain. Learn $ Earn	Step 2 设置问题，激活学生与该话题相关的背景知识，引导学生主动思考该话题。
To work or not to work —That is the question 	Step 3 引出本节课的话题，预测作者的观点。
Global Reading 1) What's the writer's overall attitude toward working part-time while studying? 2) Which type of writing is the text? How do you know that?	Step 4 学生带着问题通读全文，分析作者的态度和文本的语篇类型。
Detailed Reading 1) What is the objective of the research? 2) What methods are used in the research? 3) What are the results of the research? 4) How are the results explained? 5) What is the conclusion of the research?	Step 5 结合研究报告的五个部分，教师引导学生精读全文，归纳每部分的主旨大意以及研究报告的信息组织特点。在梳理内容的过程中，学生利用上下文去推测相关词汇的含义。

1) What is the objective of the research?

To measure the impact of employment on student achievement.

2) What methods are used in the research?

➢ Comparing the grades of students

➢ Contrasting students' commitment to study

➢ Following students over time

➢ Assessing the effects of different employment patterns on school performance and engagement

3) What are the results of the research?

➢ Working long hours undermines and significantly interferes with school achievement and commitment.

➢ Working for about 10 hours per week or less seemingly does not take a consistent toll on school performance.

➢ The negative effects of working on schooling are not permanent.

4) How are the results explained?

Working students...

➢ have <u>less time</u> to devote to school assignments;

➢ get <u>less rest</u>, eat <u>less healthy meals</u> and feel <u>too tired</u> from work to study;

➢ find school <u>less rewarding and interesting</u>;

➢ use drugs and alcohol <u>more often</u>.

How does the author introduce the different explanations?

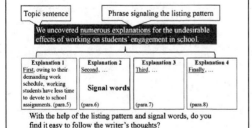

教师在引导学生完成细节阅读时，除了要关注对主题内容的探究，还要关注语言的学习。比如学生回答第二个问题时学习介绍研究方法的动词，回答第三个问题时理解研究结果中出现的生词，回答第四个问题时学习用来解释结果的语言结构等。

这张课件是教师带领学生探究写作手法的例子。

5) What is the conclusion of the research? We conclude that students should resolve to work no more than 10 hours per week if they want to be successful in school.	
Summarize the text with a map, and then retell it in groups. 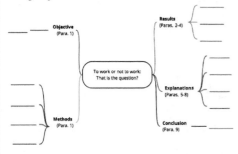	**Step 6** 根据学生在文中找到的关键词，教师让学生构建思维导图，将思维过程和知识结构图像化，归纳和复述研究报告内容。 这一活动可以帮助学生进一步了解研究报告的内容和结构特点，也可以帮助学生判断文中的结论是否全面、合理、公正。
Think and Reflect Do you agree with the author on all the negative impacts of working while studying? Why or why not?	**Step 7** 在理解文意的基础上，对研究报告进行批判性思考，有理有据地评价作者观点。
Discuss Should university students in China take part-time jobs? 	**Step 8** 教师提出问题，让学生讨论中国大学生的兼职问题并展示小组讨论的结果。 该活动基于"六顶思维帽"方法展开，促进学生在讨论中形成严谨的思考模式。

What to say/ask in the group discussion?

- We should proceed by …
- We have drifted away from the topic. Get back on track!
- What do we need to know about …?
- Are we all agreed that this is the conclusion we reached?

- We know that …
- It's found that …
- What are the facts?
- What happened?
- What information is missing?

- I've got a new idea.
- Suppose/What if …, what would you do/what would happen?
- Do you have any new ideas?
- Can we do this another way?
- Are there any alternatives?

- This can allow/help/enable us to … because …
- What are the possible benefits?
- Are there any chances for this to be beneficial?
- What is the best about this?

- I feel/think …
- How do you feel?
- Do you like this idea?
- What do you think about this?

- I don't think that …
- I wouldn't do …
- What are the potential difficulties/problems/risks?
- Is the evidence strong enough?
- What has been overlooked?

教师可以给每顶思维帽提供一些语言支持。

Homework

Work in groups. Conduct a survey and write a research report on:

How do Chinese university students view part-time jobs?

案例点评：

在该节课的教学过程中，教师主要结合了 PWP 和 "六顶思维帽" 这两种英语阅读教学方法，培养和发展学生思维的逻辑性、批判性和创造性。在读前阶段，教师主要通过不同国籍学生的兼职经历以及他们对兼职的态度来激活学生关于兼职问题的背景知识，激发学生的阅读兴趣。在读中阶段，教师先让学生带着问题快速阅读文本，判断作者的态度和文本的语篇类型，这一过程有助于培养学生的速读技能以及分析能力。在此基础上，教师抓住文本作为研究报告的体裁特点，用问题引导学生精读研究报告的五个部分，即研究目的、研究方法、研究发现、结果讨论和研究结论。学生在文本中找到相关语句或信息后，教师利用追问的形式，引导学生根据上下文推测词义，分析文本的行文逻辑和结构特点，这有助于培养学生思维的逻辑性。随后，教师引导学生运用思维导图呈现和复述研究报告内容，将思维过程和知识结构图像化，同时也将语言进一步内化。由于本篇阅读材料对学生的兼职现象主要是负面评价，因此教师在读后阶段鼓励学生有理有据地评价作者观点，有助于发展学生的质疑能力。最后，教师通过 "六顶思维帽" 活动对文本主题进行了拓展延伸，引导学生深入探讨中国大学生的兼职问题。为使讨论更加充分和透彻，教师还向学生介绍了 "六顶思维帽" 所代表的每个角色的功能、发言顺序和常用表达。

　　在开始讨论前，教师发给学生不同颜色的纸以代表不同颜色的帽子，并在每张纸上列出该颜色所代表的帽子的含义。学生先在组内分配角色，各自按照角色独立完成任务。拿到白色思维帽的同学收集实例，分析大学生兼职现象的原因；拿到绿色思维帽的同学提出建议和方案，他们可以大胆创新，不必拘泥于该建议或方案是否具有可操作性；拿到黄色思维帽的同学讨论建议，并针对该建议的优点和可能的后果进行分析和论述；拿到黑色思维帽的同学分析建议的缺点及其是否切实可行；拿到红色思维帽的同学凭直觉判断各项选择方案；拿到蓝色思维帽的同学自始至终控制并参与整个讨论过程，总结小组观点。教师运用"六顶思维帽"方法对讨论任务进行细分，主要有两个益处。第一，每一顶思维帽都代表着思考的不同方面，教师通过明确各小组成员的角色和发言顺序，可以提升讨论的深度和广度，使讨论更加全面且富有成效。第二，通过明晰角色、任务和用语，思维帽活动也可以提高学生参与的广度。

　　本节课的小组作业是对课堂内容的延伸，要求学生就本节课所学内容展开调研，完成一个调研报告。这个作业是读写结合的典型案例，学生将课堂所学内容（包括词汇、语言表达和语篇结构等语言知识以及研究方法方面的知识）迁移到新的情境中去，模仿阅读文本写出自己的研究报告，这一作业能够很好地提升学生的学习效果。

文本：

To work or not to work—That is the question

　　There are numerous and reliable ways by which one can measure the impact of employment on student achievement, and we used several in our research. We compared the grades of students who work a great deal with those who work in limited amounts or not at all. We also contrasted workers with non-workers, on different indicators of their commitment to education. Additionally, we followed students over time as they increased or decreased their work hours, and we assessed how different patterns of employment altered school performance and engagement.

　　We have simplified and classified the data and the results are clear: The stakes are high. A heavy commitment to a part-time job during the academic year, say, working 20 hours per week or more, undermines and significantly interferes with school achievement and commitment. Overall, our study offers proof that students who worked more than 20 hours weekly were not comparable to their classmates. They earned lower grades, spent less time on homework, cut class more often, and cheated more frequently. And they reported lower levels of commitment to school and more modest educational aspirations.

On the other hand, we also detected a different pattern. Working for approximately 10 hours per week or less seemingly does not take a consistent toll on school performance. Nevertheless, given that half of all employed seniors, about one-third of all juniors, and about one-fifth of all second-year students work above the 20-hour limit, indications are that a large number of students are at risk of compromising their school careers with their part-time jobs.

Whereas it is true that more disengaged students are more likely to work long hours to begin with, it appears that working makes a marginal situation worse. In other words, over time, the more students work, the less committed to school they become. When students withdraw from the labor force or cut back on their work hours, however, the results are striking: Their interest in school is generated anew. This then is good news: The negative effects of working on schooling are not permanent.

We uncovered numerous explanations for the undesirable effects of working on students' engagement in school. First, owing to their demanding work schedule, working students have less time to devote to school assignments. One common response to this time pressure is that they cut corners by taking easier classes, copying assignments from other students, cutting class, or refusing to do work assigned by their teachers. Over time, as these become established practices, students' commitment to school is eroded bit by bit.

Second, in order to work 20 hours or more each week, many students must work evenings. Evening work interferes not only with doing homework, but with both sleep and diet. Studies show that working students get less rest and eat less healthy meals than non-working students. Burning the midnight oil makes working teenagers more tired in school. Teachers frequently complain about working students falling asleep in class. Nearly a third of the students in our study said they were frequently too tired from work to do their homework.

Third, it appears that the excitement of earning large amounts of spending money makes school seem less rewarding and interesting. Although mind-wandering during school is characteristic of young adults, working students report significantly more of it than non-workers. Indeed, the rush from earning and spending money may be so strong that students who have a history of intensive employment, those who, for example, have been working long hours since their second year, are actually at greater risk than their classmates of dropping out before graduating.

Finally, working long hours can be associated with increased alcohol and drug use. Working students use drugs and alcohol about 33% more often than non-working students. Our long-term study shows that working long hours leads to increased alcohol and drug use for entertainment and recreation among working students. Teenagers with between $200 and $300 of monthly surplus income frequently have more money to spend than their peers, and often they become accustomed to spending their earnings on drugs and alcohol. According to our study, alcohol and drug use, in turn, may be linked to disengagement from school, and therefore, is likely to depress school performance.

To summarize, convention has long held that early employment builds character. Our findings indicate that for many students, working 20 hours or more a week can contribute to decreased school performance and increased drug and alcohol use. We know that these findings may seem controversial to many. To our own surprise, our findings make us question how long we have held on to the conventional assumptions about the great value of work in our formative years. It's time to abandon this appealing myth! We conclude that students should resolve to work no more than 10 hours per week if they want to be successful in school.

第十一章　教学案例四（KWL chart & Socratic circle）

　　本案例阅读文本为 Can we teach creative and critical thinking?，选自《综合教程2》，讲述了思辨能力和创造性思维的含义、挑战、培养方法和测评方法。本课程的学生为英语专业大一学生。

　　本节课的教学目标为：

　　1. 学生能够利用 KWL 表格激活已知信息并梳理所读内容；

　　2. 学生能够总结出本文主要大意及作者观点；

　　3. 学生能够就所读内容提出有质量的问题；

　　4. 学生能够就与思辨能力和创造性思维培养相关的问题展开论述。

　　本节课的具体流程如下：

案例四教学步骤

Let's have fun! Quiz riddles that test your creative and critical thinking! **WHAT'S SIMILAR?** 	Step 1 在阅读文本之前，教师给学生播放两段关于思辨能力和创造性思维的测试视频，让学生对思辨能力和创造性思维有直观的感受。同时，这也有助于激发学生对阅读话题的兴趣。
Reflection and discussion Fill the KWL chart below and share it in your group. What do you **K**now about creative and critical thinking? / What do you **W**ant to know?	Step 2 在学生对思辨能力和创造性思维有所了解后，教师让学生基于 KWL 表格去思考自己知道了什么以及想知道什么。这样可以进一步激活学生的背景知识，制定个性化的阅读目标，使阅读更加具有目标性。

Reading What might be covered in this passage? What might be the writer's purpose? **Can We Teach Creative and Critical Thinking?** Zoe Burgess	**Step 3** 在阅读前，教师让学生根据题目预测文本的主要内容和作者的目的，比如他们对思辨能力和创造性思维可否培养的看法；如果可以，有哪些可能的方式，作者为什么要提出这个问题；等等。学生在预测过程中，会用到与主题相关的语言和内容，从认知和语言这两个方面为阅读做准备。
Reading for the main ideas ❋ What is critical thinking? ❋ Why is it important to teach critical and creative thinking? ❋ What makes it challenging to teach critical and creative thinking? ❋ What solutions have the writer proposed for the teaching of critical and creative thinking?	**Step 4** 这一遍阅读中，学生带着教师提出的这几个问题以及自己在 KWL 表格里提出的想了解的问题对文本进行速读。这样既可以训练学生快速获取相关信息的阅读技能，又可以帮助学生了解文本大意。
Detailed reading Go back to the KWL chart and compare the information you have got from the passage with "What do you Want to know" part in the chart. Discuss with your partner if there is a gap between what you expect to read and the passage.	**Step 5** 学生进一步细读文本，获取细节性信息，并与 KWL 表格中自己期待读的内容进行仔细对比。通过这个活动，学生不仅可以进一步熟悉所读内容，而且能学习文中的语言知识。

Reading for questions (individual + group) ❀ **Elementary questions** (language) E.g., What does the sentence say? ❀ **Inspectional questions** (structure) E.g., How is the reading organized? ❀ **Analytical questions** (thoughts & concepts) E.g., Why does the writer emphasize drawing connection in the teaching of critical and creative thinking? ❀ **Evaluative questions** (thoughts & concepts) E.g., Has the writer addressed the issue in depth? ❀ **Comparative questions** (other reading texts/situations) E.g., How is the text related to other texts/ourselves?	Step 6 教师让学生精读文本，并针对文本的语言、结构、内容进行提问，提出尽可能多的、不同类型的问题。在学生提出一些问题之后，教师引导学生归纳提问的类型和方法。因为提问对学生有一定的挑战，所以教师可以在合适的时机给学生提供一些指导，比如给出提问的角度、提问的分类和示例等。随后，学生继续提出更多问题并在小组里分享自己的问题，每个小组挑选出最有趣或最有意义的 3 个问题进行全班分享。这部分设计可以督促学生对文本进行深入阅读，也可以培养学生的提问能力，即思辨能力和创造性思维。
Reading for further inquiries 二维码	Step 7 教师事先做好一个二维码贴在空白页上，每个小组选一个代表扫描这个二维码，之后输入他们精心挑选出的 3 个问题。通过使用实时互动软件，学生输入的问题可以实时显示在屏幕上，这样可以提高学生的参与感和探究兴趣。同时，教师可以让学生对这些问题进行分类，进一步巩固他们关于提问的知识和技能。

Reading for further inquiries ❋ Phrases/Statements you may use in the discussion **Clarification:** I think what Steven is trying to say is ...; I'm mot sure whether I understand what you are saying, Alice. What is ... ?; Tell me more about ...; Can you give us an example of ... ? **(Dis)agreement:** Lucy said that ... I agree with her and I also think ...; I disagree with what you said, because ... **Questions to probe deeper:** Juan makes me think of another point: Why would the author include ...?; Sonya, what makes you think that the author meant ...? **Synthesis:** Based on the ideas from Tom, Sonya, and Maya, it seems that we all think the author is ... **Reading for further inquiries** ❋ Discuss the questions through Socratic Circle 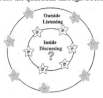	**Step 8** 在这两张课件里，教师向学生介绍了苏格拉底圈的讨论方法以及在讨论里常用到的一些表达。然后，教师以学生之前提出的一个问题为例，向学生示范如何开放、有效地探究问题。 最后，教师邀请一位学生作为讨论的主持人，组织学生讨论他们刚才提出的问题以及在讨论过程中生成的新问题。
Writing ❋ Choose one of the questions you have proposed to write on **Reflection: KWL Chart** Please review columns **K** and **W**, and complete the column below. What did you **Learn**	**Step 9** 这两张课件展示了这次阅读探究课的两个作业，一是选择课上自己提出的一个问题并展开论述，二是用 KWL 表格进行反思。

案例点评：

本节课关注创造性思维和思辨能力的可教性，涉及这两种思维的定义、核心内容、可教性、测评等内容。学生学习时可能会在内容和语言方面都遇到一定的挑战。教师在设计本节课时，应有意避免直接告知学生该如何做，而是让学生自己感知和实践，在实践中不断反思。

教师先利用 KWL 表格让学生从自己的已知信息出发，充分调动自己已有的知识经验，积极参与，预测学习内容，带着问题去阅读。之后，通过组织学生就所读文本进行提问和相互分享，让他们体验提问的不易，充分感受到创造性思维和思辨能力培养的重要性，并反思自己的体验。在组织学生提问的过程中，教师先放手让学生自行提问、自行思考并归纳提问的类型和方法。观察到学生有困难时，教师再提供"支架"，介绍问题的分类方式并利用学生的问题进行示例，拓宽学生的视野。学生在此基础上继续提问并在与他人分享和讨论的过程中，利用苏格拉底圈实践自己的创造性思维和思辨能力。教师的讲解和具有支持性的课堂氛围有助于学生对自己提出的问题进行合作性探究，并培养自己开放、好奇、谨慎做判断等批判精神。这一过程其实就是教师"教会"学生如何进行批判性思考、如何创造性地提出问题的过程。在这个过程中，学生会不断深入思考文本题目，对两种思维是否可教得出自己的看法与结论。

课后，学生需要选择自己提出的一个问题并在此基础上进行写作。这一方面有助于他们将阅读和讨论中的相关内容迁移到写作中，巩固学习成果。另一方面，写作也给了学生进一步探索自己感兴趣的问题的机会。同时，为了与本节课开始时的 KWL 表格相呼应，学生在本节课结束后，还要记录和反思学习到的内容和技能，体现了教师将形成性评价贯穿于整个阅读教学过程中。本节课的设计能够很好地为学生提供支架，从语言和内容两个方面提升学生的能力，同时，也可以引导学生通过体验和感悟去深入思考两种思维的可教性问题。

建议教师在下课前组织学生反思自己本节课的学习体验，显性化地讨论自己的思辨能力和创造性思维是否得到了一定的发展。如果得到了发展，是哪些因素促成了这个发展；如果没有，他们认为教师如何才能更好地促进学生的思维发展。在此基础上，教师再组织学生讨论和分享他们对于文本标题的观点和态度。

文本：

Can we teach creative and critical thinking?

Zoe Burgess

When a teacher gives a test, he or she is trying to measure students' ability to recall and apply information learned over a particular period of time. The exams make it relatively straightforward: Did the student get an answer right or wrong? Was mastery of skills demonstrated?

But how is creative or critical thought defined and taught? And by what assessment can we measure it, if at all?

Critical thinking is, among many things, the ability to understand and apply the abstract, the ability to infer and to meaningfully investigate. It's the skills needed to see parallels, comprehend intersections, identify problems, and develop sustainable solutions. According to the Foundation for Critical Thinking, sound critical thinking is imperative to social progress. It is with our thoughts that we shape the world: Thinking creatively shapes social and cultural structures. It affects the way blame is placed, the way ideas of right and wrong are developed, the way leaders are elected, and the way we understand our place in the world as individuals and as a collective. It helps define, or complicate, who "we" are in the first place.

Teaching critical and creative thought, however, is challenging: First, critical thinking may mean different things to different instructors, principals, and/or districts. Second, it can be hard to know what students are taking away from lessons and curricula designed to cultivate critical thinking skills.

There are ways to navigate through these obstacles: Cultivating critical thinking may be accomplished with modeling. A teacher may explicitly show students how to make connections between their experiences and those of others, show them how to link pieces of literature, or explain the relationship between a piece of modern music infused with metaphor and the poetry lesson from last month. Particular curricula, ones that ask students not just when and where things happened, but why and how, and what contemporary parallels can be drawn, can enhance these skills.

Critical thinking can also be elicited in less directive ways: School trips, service learning requirements, and various other kinds of hands-on situations allow students to make connections at their own pace. In any case, critical thinking skills are probably best infused over months and years, the result of both direct and more subtle instruction, during which teachers suggest, and insist, that students investigate further, making—but more importantly, justifying—inferences and conclusions.

Students at Codman Academy Charter Public School in Dorchester, Massachusetts, engage in so-called "expeditionary learning" projects, which are designed around a topic (for example, botany or urban renewal in a particular city) selected by the students or their teachers. Through research, participating in service learning, talking with seasoned professionals within a particular industry, fieldwork, and by preparing presentations and papers on their topics to share with their schoolmates and the larger community, students build critical and problem solving skills that will serve them for life.

So, if it is possible to teach this type of thinking, how then can we measure if students are developing these skills? This is likely the more confounding question. It's hard to design test questions that effectively measure a child's ability to think creatively. One way may be to scaffold questions that increase in complexity and demand, which may allow students the opportunity to reiterate, to explain, and then to synthesize information they've gathered. Asking students to make connections between different strands of a curriculum may also be a good way to measure these skills. Assessments may also come in more spontaneous moments, when a child responds to a question or a moment with quiet brilliance or sensitivity. (It may be, however, that the most meaningful measurement takes place once a student is launched into the adult world.)

At the heart of teaching critical and creative thought is the ability to ask the right questions to students. In turn, they need to be able to answer in a way that demonstrates their ability to see the parallels and intersections; perceive linkages between historical moments, between the period and the art, between the circumstances then and now; to comprehend the relationship between "us" and "them", between "we" and "they", and, ultimately, whether dichotomies like "we" and "they" are useful—and, if so, how.

第十二章　教学案例五[1]（Critical thinking & Reading for writing）

本案例阅读文本为 Stereotyping: Fight the urge，选自《新未来大学英语综合教程 2》，描绘了国民刻板印象这一现象，并探究了其成因、后果及消除策略。本课程的学生为非英语专业大一学生。

本节课的教学目标为：

1. 学生能够提炼出与主题词 stereotype 相关的词汇，并使用它们从不同角度去描述 stereotype 的特征；

2. 学生能够辩证分析文中的国民刻板印象的成因、后果及消除策略；

3. 学生能够辨别并概括段落衔接句（bridging sentence）的形式和功能；

4. 学生能够识别作者论证分析的方式；

5. 学生能够完成一篇针对外国人对中国的刻板印象的论说文。

本节课的具体流程如下：

案例五教学步骤

National Stereotypes Critical thinking Step 1 Think Think of one country. What perceptions of its people come to mind? Where do you think you got these impressions from? Step 2 Pair Work in pairs and share your ideas. Note down your partner's ideas and evaluate them. Step 3 Share Work in groups and share your ideas. Worksheet Country: Perceptions of its people: Evidence to back up the perceptions: Evaluation:	Step 1 激活已有知识。学生看几幅有关国民刻板印象的图片，猜测图中的人物分别来自哪些国家，分享他们的推测理由。 学生利用教师提供的学习单（worksheet），通过独立思考—两人讨论—小组分享（think—pair—share）的活动，反思自己对其他国家的人的刻板印象及理由，互相分享并进行评价。老师在学生讨论的基础

1 本案例 Step 4 和 Step 5 的部分内容基于咸阳师范学院宫昀、于蒙、耿娟娟、臧瑞婷、赵崇俊老师参加 2022 年外研社"教学之星"大赛全国半决赛的参赛教案，详见 https://heep.unipus.cn/gykejianNews/20210204/files/8%2820%29.pdf，笔者做了加工。

	上，引导学生思考刻板印象是否准确可靠、是否会带来问题等，从而引出本节课主题，激活学生的背景知识并激发学生的探究热情。
Think & Reflect What is stereotype? stereotype	**Step 2** 定义界定。结合热身练习，学生思考 stereotype 的含义并说出相关的关键词；老师制作 stereotype 的词云图。这样既能帮助学生思考刻板印象的含义，也能提炼出与主题词 stereotype 相关的词汇，形成语义图。
Reading Stereotyping: Fight the urge Reading for the main idea • What is the "urge" we need to fight? • Why is it necessary to fight the "urge"? • How can we fight the "urge"? Reading for the structure Para 1. _____ phenomenon Para 2. _____ Para 3. _____ cause Para 4. _____ Para 5. _____ problem Para 6. _____ solution	**Step 3** 第一遍粗读。根据标题中的关键词 urge，学生围绕三个问题进行速读，只读文本每段的前一两句话，了解刻板印象产生的原因、问题和消除策略。 根据所获得的信息，学生通过小组合作概括段落大意，并将各个段落与关键词进行匹配，梳理文本结构。

Reading for details: how to develop ideas (cause)

Stereotypes may be a part of our biology
- to categorize
- to simplify

| Research at University of Aberdeen suggests … | Referencing academic research |
| Nigerian writer Chinua Achebe sums this up well, saying that … | Using quotations |

Reading for details: how to develop ideas (problem)

Stereotypes can create problems on various levels.
- inessential problems: oversimplified and inaccurate images
- dangerous problems: misunderstandings, conflicts, discrimination, and hatred

| For example, there is a commonly held stereotype of Germans as being methodical, serious … | Using examples |
| For example, African students in the U.S. sometimes claim that … | |

Reading for details: how to develop ideas (solution)

Things we can do to avoid being manipulated by stereotypes
- recognize stereotypes
- keep an open mind
- meet different types of people
- celebrate diversity

| Think of different nationalities and groups and see what we associate … | Explanation |

Step 4

第二遍细读。学生深入阅读文本的重点段落，细读文中有关国民刻板印象的原因、后果以及消除策略，并分析文中的论证策略，总结出文本采用了参考学术文献、引用名人名言、举例、解释等四种论证策略。

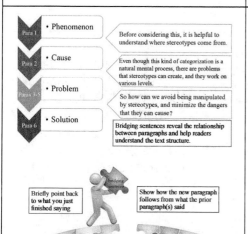

Para 1	• Phenomenon	Before considering this, it is helpful to understand where stereotypes come from.
Para 2	• Cause	Even though this kind of categorization is a natural mental process, there are problems that stereotypes can create, and they work on various levels.
Paras 3-5	• Problem	So how can we avoid being manipulated by stereotypes, and minimize the dangers that they can cause?
Para 6	• Solution	Bridging sentences reveal the relationship between paragraphs and help readers understand the text structure.

| Briefly point back to what you just finished saying | Show how the new paragraph follows from what the prior paragraph(s) said |

Before considering this, it is helpful to understand where stereotypes come from.

So how can we avoid being manipulated by stereotypes, and minimize the dangers that they can cause?

Step 5

第三遍细读。这一遍细读，教师引导学生去关注语言的使用，特别是段落衔接句在篇章结构方面的功能、位置、标示词和用法。

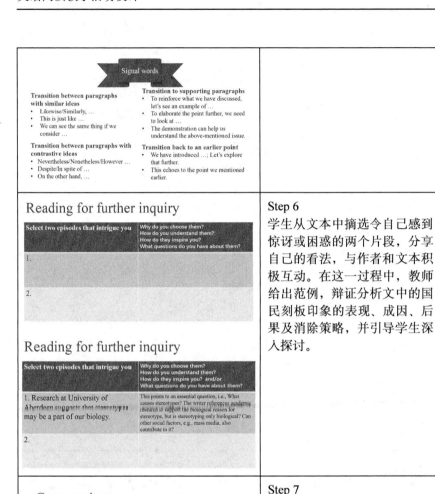

| | Step 6 学生从文本中摘选令自己感到惊讶或困惑的两个片段，分享自己的看法，与作者和文本积极互动。在这一过程中，教师给出范例，辩证分析文中的国民刻板印象的表现、成因、后果及消除策略，并引导学生深入探讨。 |

| | Step 7 学生基于对本文主要内容和写作策略的学习，探究别人对中国或中国人的刻板印象及其产生原因和可能的消除策略，完成写作任务。若时间不足，学生可以在课上展开口头讨论，厘清思路，课后完成写作任务。 |

案例点评：

　　本节课是一节读写结合课，这类课程将阅读与写作相关联，阅读不仅仅是为了理解，也是为了学习其表达手法，从而迁移到自己的写作中去。在教学过程中，教师主要结合了语义图和交互式阅读的方法，逐步引导学生去理解和掌握与国民刻板印象相关的词汇，探究国民刻板印象的成因、后果及消除策略，分析文本的语篇组织方式及段落衔接句在篇章结构方面的功能、位置、标示词和用法，为写作做好充分准备。

　　由于国民刻板印象是学生比较熟悉和感兴趣的一个话题，因此教师在读前阶段采用了看图和班级讨论的方式，激活学生有关国民刻板印象的背景知识，并引导学生去反思这一现象。在此基础上，教师引导学生头脑风暴与主题词 stereotype 有关的关键词，并利用词云图的形式展示这些关键词。这样既可以帮助学生提炼出与主题词相关的词汇，也可以厘清 stereotype 的含义，并学习文中的一些关键词汇，为学生阅读和理解文本做好内容和语言上的准备。在读中阶段，教师分三步引导学生与作者和文本互动。首先，学生带着问题快速阅读文本，了解文本大意及篇章组织方式；其次，学生深入语篇进行细致的研读，以小组的形式梳理文本写作手法，分析并总结文中的论证策略，提高逻辑性思维能力和分析能力；最后，学生进一步深入学习文本，关注语言的运用，特别是段落衔接句在篇章结构方面的功能。在学生非常熟悉文本内容之后，教师让学生摘选自己觉得惊讶或困惑的两个片段，对文本进行批判性阅读，与作者和文本进行更加深入的互动，对主题进行拓展和延伸。由于本篇阅读材料主要从生物学的角度（urge 和 biology）分析国民刻板印象的原因，因此教师可以有意识地引导学生去辩证分析和思考文中的观点，提升思维的批判性。完成对文本的学习之后，学生需要利用本节课所学到的内容方面的知识和写作手法，就别人对中国或中国人的刻板印象展开论述，运用相关语言知识完成写作任务，继续深入探究这一主题。

　　教师对学生思辨能力的培养主要表现在两处，一是在上课伊始，教师让学生反思自己形成刻板印象的原因并互相评价这种想法存在的问题；二是在读后邀请学生分享对文中观点的不同理解。在这两个环节，教师都发挥了"脚手架"作用：第一次是通过学习单给学生提供思考的框架，第二次是通过范例给学生提供学习模板。除了对学生思辨能力的培养，教师在各个环节都尽量将阅读与写作相结合，注意引导学生从语言、内容和思维上为课后的写作做好准备，使写作成为课堂的延伸，减少学生的压力。比如，在几次阅读中，教师不仅指导学生梳理关于刻板印象的语言和内容，还特别注意让学生去关注所读文本的篇章结构、遣词造句的写作手法等，这样可以让学生在写作时不仅有语言、有内容，还有写作技巧。

文本：

Stereotyping: Fight the urge

Whether it's a Frenchman in a striped shirt and a beret holding a baguette, or an American in a baseball cap holding a hamburger, stereotypes are a big part of our world view. But exactly how valid or useful are these national stereotypes?

Before considering this, it is helpful to understand where stereotypes come from. Research at University of Aberdeen suggests that stereotypes may be a part of our biology. It seems that our brains are designed to categorize all the things we encounter in the world around us into groups. As time goes on, the characteristics of other groups of people become simpler and therefore easier to memorize. Nigerian writer Chinua Achebe sums this up well, saying that "The whole idea of a stereotype is to simplify. Instead of going through the problem of all this great diversity—that it's this or maybe that—you have just one large statement: It is this".

Even though this kind of categorization is a natural mental process, there are problems that stereotypes can create, and they work on various levels. In its most relaxed form, a stereotype presents oversimplified, and therefore often inaccurate, images of groups. For example, there is a commonly held stereotype of Germans as being methodical, serious, and lacking a sense of humor. This stereotype is then reinforced in the media and advertising, but in reality when people actually get to know Germans on an individual basis, they can find them to be generous, friendly and kind. This exposes the two-dimensional nature of this stereotype. This example seems unlikely to be too dangerous, but even the smallest of stereotypes can lead to bigger problems.

Some seemingly innocent stereotypes can lead to misunderstandings, conflicts, and even, in extreme cases, discrimination and hatred. They can impact the way we perceive people in many different ways. Even when we feel that we are being kind to others, this can backfire. For example, African students in the U.S. sometimes claim that they get the feeling that Americans "feel sorry" for them because they come from poor countries and this affects the way they are treated. The students say they don't want the unnecessary sympathy that they are shown and often feel patronized. At the end of the day most people normally just want to be treated the same way as everyone else does.

Therefore, we need to acknowledge that while we are all prone to forming stereotypes of others, they are severely limited in helping us understand real people. When we meet new people, it is important to look past someone's group identity—be it nationality, race, gender, age or religion—and try to see everyone as a unique person.

So how can we avoid being manipulated by stereotypes, and minimize the dangers that they can cause? The first thing we need to do is recognize them. We can do this by playing a simple game in our mind. Think of different nationalities and groups and see what we associate with each of them. Are they good or bad associations? How do they impact the way we interact with different people? If we feel that we are treating some people differently, think about how we can change this. In life, we should always try to keep an open mind, search out different types of people to meet, and celebrate diversity. We need to stop ourselves from making broad generalizations about groups of people, and we need to understand that everyone is an individual. Then, and only then, can real cultural learning begin.

参考文献

Afflerbach, P. 2016. Reading assessment: Looking ahead. *The Reading Teacher 69* (4): 413-419.

Afflerbach, P. 2017. *Understanding and Using Reading Assessment, K-12* (3rd Edition). Alexandria, VA: ASCD.

Afflerbach, P., B.-Y. Cho, M. E. Crassas & J.-Y. Kim. 2015. Best practices in reading assessment: Working towards a balanced approach. In Gambrell, L. B. & L. M. Morrow (eds.). *Best Practices in Literacy Instruction* (5th Edition). New York, NY: Guilford Press. 291-311.

Afflerbach, P., B.-Y. Cho, M. E. Crassas & J.-Y. Kim. 2018. Best practices in reading assessment. In Morrow, L. M. & L. B. Gambrell (eds.). *Best Practices in Literacy Instruction* (6th Edition). New York, NY: Guilford Press. 337-359.

Alderson, J. C. 2000. *Assessing Reading.* Cambridge: Cambridge University Press.

Alemi, M. & S. Ebadi. 2010. The effects of pre-reading activities on ESP reading comprehension. *Journal of Language Teaching and Research 1* (5): 569-577.

Allen, J. 2004. *Tools for Teaching Content Literacy.* Portland, ME: Stenhouse Publishers.

Anderson, L. W. & D. R. Krathwohl (eds.). 2001. *A Taxonomy for Learning, Teaching, and Assessing: A Revision of Bloom's Taxonomy of Educational Objectives* (Complete Edition). New York, NY: Addison Wesley Longman.

Anderson, N. J. 2004. *Exploring Second Language Reading: Issues and Strategies.* Beijing: Foreign Language Teaching and Research Press.

Applegate, M. D., K. B. Quinn & A. J. Applegate. 2002. Levels of thinking required by comprehension questions in informal reading inventories. *The Reading Teacher 56* (2): 174-180.

Applegate, M. D., K. B. Quinn & A. J. Applegate. 2006. Profiles in comprehension. *The Reading Teacher 60* (1): 48-57.

Au, K. H. 1979. Using the experience-text-relationship method with minority children. *The Reading Teacher 32* (6): 677-679.

Auerbach, E. R. & D. Paxton. 1997. "It's not the English thing": Bringing reading research into the ESL classroom. *TESOL Quarterly 31* (2): 237-261.

Barak, M. & A. Levenberg. 2016. A model of flexible thinking in contemporary education. *Thinking Skills and Creativity 22*: 74-85.

Barnet, S., H. Bedau & J. O'Hara. 2016. *Critical Thinking, Reading, and Writing: A Brief Guide to Argument* (9th Edition). Boston: Bedford/St. Martin's.

Barone, D. 2018. Exploring comprehension. Keynote speech at the 4th National Symposium on EFL Reading in Schools, Beijing, China, November 2018.

Basaraba, D., P. Yovanoff, J. Alonzo & G. Tindal. 2013. Examining the structure of reading comprehension: Do literal, inferential, and evaluative comprehension truly exist?. *Reading and Writing 26* (3): 349-379.

Bataineh, R. F. & A. K. Alqatnani. 2019. How effective is Thinking Maps® instruction in improving Jordanian EFL learners' creative reading skills?. *TESOL Journal 10* (1): e00360.

Bernadowski, C. & K. Morgano. 2011. *Teaching Historical Fiction with Ready-Made Literature Circles for Secondary Readers*. Santa Barbara, CA: Libraries Unlimited.

Binkley, M., K. Rust & T. Williams. 1997. Reading literacy in an international perspective: Collected papers from the IEA Reading Literacy Study. Washington, DC: National Center for Education Statistics.

Binkley, M., O. Erstad, J. Herman, S. Raizen, M. Ripley, M. Miller-Ricci & M. Rumble. 2012. Defining twenty-first century skills. In Griffin, P., B. McGaw & E. Care (eds.). *Assessment and Teaching of 21st Century Skills*. Dordrecht: Springer. 17-66.

Black, P. & D. Wiliam. 1998. Assessment and classroom learning. *Assessment in Education: Principles, Policy & Practice 5* (1): 7-74.

Black, P. & D. Wiliam. 2009. Developing the theory of formative assessment.

Educational Assessment, Evaluation and Accountability 21: 5-31.

Bloom, B. S. 1956. *Taxonomy of Educational Objectives: The Classification of Educational Goals*. New York, NY: Longmans, Green and Co.

Bond, N. 2007. Questioning strategies that minimize classroom management problems. *Kappa Delta Pi Record 44* (1): 18-21.

Browne, M. N. & S. M. Keeley. 2004. *Asking the Right Questions: A Guide to Critical Thinking* (7th Edition). Upper Saddle River, NJ: Prentice Hall.

Cain, K. & J. Oakhill. 2006. Assessment matters: Issues in the measurement of reading comprehension. *The British Journal of Educational Psychology 76* (4): 697-708.

Carnine, D. W., J. Silbert, E. J. Kame'enui & S. G. Tarver. 2009. *Direct Instruction Reading* (5th Edition). Boston, MA: Pearson.

Carr, N. T. 2011. *Designing and Analyzing Language Tests*. Oxford: Oxford University Press.

Chastain, K. 1988. *Developing Second-Language Skills: Theory to Practice* (3rd Edition). New York, NY: Harcourt Brace Jovanovich.

Clark, I. 2012. Formative assessment: Assessment is for self-regulated learning. *Educational Psychology Review 24* (2): 205-249.

Cleary, B. A. & S. J. Duncan. 2008. *Thinking Tools for Kids: An Activity Book for Classroom Learning* (Revised Edition). Milwaukee, WI: ASQ Quality Press.

Copeland, M. 2005. *Socratic Circles: Fostering Critical and Creative Thinking in Middle and High School*. Portland, ME: Stenhouse Publishers.

Cots, J. M. 2006. Teaching "with an attitude": Critical discourse analysis in EFL teaching. *ELT Journal 60* (4): 336-345.

Cottrell, S. 2017. *Critical Thinking Skills: Effective Analysis, Argument and Reflection* (3rd Edition). London: Palgrave.

Daniels, H. 2002. *Literature Circles: Voice and Choice in Book Clubs and Reading Groups*. Portland, ME: Stenhouse Publishers.

Day, R. R. & J. Bamford. 1998. *Extensive Reading in the Second Language*

Classroom. Cambridge: Cambridge University Press.

de Bono, E. 2000. *Six Thinking Hats*. London: Penguin Books.

du Boulay, D. 1999. Argument in reading: What does it involve and how can students become better critical readers?. *Teaching in Higher Education 4* (2): 147-162.

Duke, N. K. & P. D. Pearson. 2008. Effective practices for developing reading comprehension. *The Journal of Education 189* (1/2): 107-122.

Dwyer, C. P., M. J. Hogan & I. Stewart. 2010. The evaluation of argument mapping as a learning tool: Comparing the effects of map reading versus text reading on comprehension and recall of arguments. *Thinking Skills and Creativity 5* (1): 16-22.

Dwyer, C. P., M. J. Hogan & I. Stewart. 2013. An examination of the effects of argument mapping on students' memory and comprehension performance. *Thinking Skills and Creativity 8*: 11-24.

Earl, L. M. 2003. *Assessment as Learning: Using Classroom Assessment to Maximize Student Learning*. Thousand Oaks, CA: Corwin Press.

Earl, L. M. 2013. Assessment for learning; Assessment as learning: Changing practices means changing beliefs. In Hong Kong Education Bureau (ed.). *Assessment and Learning* (Issue 2). Hong Kong: Government Printer. 1-5.

Ediger, A. 2001. Teaching children literacy skills in a second language. In M. Celce-Murcia (ed.). *Teaching English as a Second or Foreign Language* (3rd Edition). Boston, MA: Heinle & Heinle. 153-169.

Elbro, C. & I. Buch-Iversen. 2013. Activation of background knowledge for inference making: Effects on reading comprehension. *Scientific Studies of Reading 17* (6): 435-452.

Elder, L. & R. Paul. 2009. Close reading, substantive writing and critical thinking: Foundational skills essential to the educated mind. *Gifted Education International 25* (3): 286-295.

Facione, P. A. 1990. *Critical Thinking: A statement of Expert Consensus—The Delphi Report*. Berkeley, CA: California Academic Press.

Fairclough, N. 1992. *Discourse and Social Change*. Cambridge: Polity Press.

Freeman, D. 2014. Reading comprehension questions: The distribution of different types in global EFL textbooks. In N. Hardwood (ed.). *English Language Teaching Textbooks: Content, Consumption, Production*. London: Palgrave Macmillan. 72-110.

Furr, M. (ed.). 2007a. *Bookworms Club Reading Circles: Teacher's Handbook*. Oxford: Oxford University Press.

Furr, M. 2007b. Reading circles: Moving great stories from the periphery of the language classroom to its centre. *The Language Teacher 31* (5): 15-18.

Fusco, E. 2012. *Effective Questioning Strategies in the Classroom: A Step-by-Step Approach to Engaged Thinking and Learning, K-8*. New York, NY: Teachers College Press.

Golding, C. 2011. Educating for critical thinking: Thought-encouraging questions in a community of inquiry. *Higher Education Research & Development 30* (3): 357-370.

Goodman, K. S. 1967. Reading: A psycholinguistic guessing game. *Journal of the Reading Specialist 6* (4): 126-135.

Goodman, K. S. 1971. Reading: A psycholinguistic guessing game. In Singer, H. & R. B. Ruddell (eds.). *Theoretical Models and Processes of Reading*. Newark, DE: International Reading Association, Inc. 497-508.

Gough, P. B. 1972. One second of reading. In Kavanagh, J. F. & I. G. Mattingly (eds.). *Language by Ear and by Eye*. Cambridge, MA: The MIT Press. 80-102.

Grabe, W. 2009a. *Reading in a Second Language: Moving from Theory to Practice*. Cambridge: Cambridge University Press.

Grabe, W. 2009b. Teaching and testing reading. In Long, M. H. & C. J. Doughty (eds.). *The Handbook of Language Teaching*. 441-462.

Grabe, W. & F. L. Stoller. 2011. *Teaching and Researching Reading* (2nd Edition). London: Routledge.

Grabe, W. & F. L. Stoller. 2018. Reading to learn: Why and how content-based instructional frameworks facilitate the process. In Koda, K. & J. Yamashita (eds.). *Reading to Learn in a Foreign Language: An Integrated Approach to Foreign Language Instruction and Assessment.* London: Routledge. 9-29.

Grabe, W. & F. L. Stoller. 2019. *Teaching and Researching Reading* (3rd Edition). New York, NY: Routledge.

Guthrie, J. T. & A. Wigfield. 2017. Literacy engagement and motivation: Rationale, research, teaching, and assessment. In Lapp, D. & D. Fisher (eds.). *Handbook of Research on Teaching the English Language Arts* (4th Edition). London: Routledge. 57-84.

Guthrie, J. T. & S. L. Klauda. 2014. Effects of classroom practices on reading comprehension, engagement, and motivations for adolescents. *Reading Research Quarterly 49* (4): 387-416.

Guthrie, J. T., A. Wigfield & C. VonSecker. 2000. Effects of integrated instruction on motivation and strategy use in reading. *Journal of Educational Psychology 92* (2): 331-341.

Guthrie, J. T., A. Wigfield & K. C. Perencevich (eds.). 2004. *Motivating Reading Comprehension: Concept-Oriented Reading Instruction.* Mahwah, NJ: Lawrence Erlbaum Associates.

Guthrie, J. T., A. Wigfield & S. L. Klauda. 2012. Adolescents engagement in academic literacy. https://www.researchgate.net/publication/359423610_ Adolescents'_Engagement_in_Academic_Literacy (accessed 09/07/2022).

Guthrie, J. T., S. Alao & J. M. Rinehart. 1997. Engagement in reading for young adolescents. *Journal of Adolescent & Adult Literacy 40* (6): 438-446.

Harmer, J. 1998. *How to Teach English: An Introduction to the Practice of English Language Teaching.* Harlow: Longman.

Harrell, M. 2011. Argument diagramming and critical thinking in introductory philosophy. *Higher Education Research & Development 30* (3): 371-385.

Harris, A. J. & E. R. Sipay. 1990. *How to Increase Reading Ability: A Guide to Developmental & Remedial Methods* (9th Edition). New York, NY: Longman.

Harris, T. L. & R. E. Hodges (eds.). 1995. *The Literacy Dictionary: The Vocabulary of Reading and Writing*. Newark, DE: International Reading Association.

Hashemi, M. R. & A. Ghanizadeh. 2012. Critical discourse analysis and critical thinking: An experimental study in an EFL context. *System 40* (1): 37-47.

Hedgcock, J. S. & D. R. Ferris. 2018. *Teaching Readers of English: Students, Texts, and Contexts* (2nd Edition). New York, NY: Routledge.

Heilman, A. W., T. R. Blair & W. H. Rupley. 1997. *Principles and Practices of Teaching Reading* (9th Edition). Columbus, OH: Merrill Publishing Company.

Herber, H. L. 1970. *Teaching Reading in Content Areas*. Englewood Cliffs, NJ: Prentice Hall.

Hillocks, G. 2010. Teaching argument for critical thinking and writing: An introduction. *The English Journal 99* (6): 24-32.

Ilyas, H. P. 2015. Critical Thinking: Its Representation in Indonesian ELT Textbooks and Education. Ph.D. Dissertation. York: University of York.

Johnson, D. D., S. D. Pittelman & J. E. Heimlich. 1986. Semantic mapping. *The Reading Teacher 39* (8): 778-783.

Kintsch, W. 1998. *Comprehension: A Paradigm for Cognition*. Cambridge: Cambridge University Press.

Kintsch, W. & K. A. Rawson. 2005. Comprehension. In Snowling, M. J. & C. Hulme (eds.). *The Science of Reading: A Handbook*. Malden, MA: Blackwell. 211-226.

Kirsch, I. S., J. de Jong, D. LaFontaine, J. McQueen, J. Mendelovits & C. Monseur. 2002. Reading for change: Performance and engagement across countries: Results from PISA 2000. https://www.oecd.org/education/school/programmefor internationalstudentassessmentpisa/33690904.pdf (accessed 12/03/2022).

Klenowski, V. 2009. Assessment for learning revisited: An Asia-Pacific perspective. *Assessment in Education: Principles, Policy & Practice 16* (3): 263-268.

Kneedler, P. E. 1985. *Assessment of the Critical Thinking Skills in History-Social Science*. Sacramento, CA: California Statement Department of Education.

Lambright, L. L. 1995. Creating a dialogue: Socratic seminars and educational reform. *Community College Journal 65* (4): 30-34.

Langer, J. A. 1981. From theory to practice: A prereading plan. *Journal of Reading. 25* (2): 152-156.

Lapp, D., J. Flood, C. H. Brock & D. Fisher. 2006. *Teaching Reading to Every Child* (4th Edition). New York, NY: Routledge.

Lepionka, M. E. 2008. *Writing and Developing Your College Textbook: A Comprehensive Guide to Textbook Authorship and Higher Education Publishing* (2nd Edition). Gloucester, MA: Atlantic Path Publishing.

Leu, D. J. & C. K. Kinzer. 1999. *Effective Literacy Instruction, K-8* (4th Edition). Upper Saddle River, NJ: Prentice Hall.

Lightbown, P. & N. Spada. 2013. *How Languages Are Learned* (4th Edition). Oxford: Oxford University Press.

Lin, A. M. Y. 1999. Resistance and creativity in English reading lessons in Hong Kong. *Language, Culture and Curriculum 12* (3): 285-296.

Long, M. H. & C. J. Sato. 1983. Classroom foreigner talk discourse: Forms and functions of teachers' questions. In Seliger, H. W. & M. H. Long (eds.). *Classroom Oriented Research in Second Language Acquisition.* Rowley, MA: Newbury House Publishers.

Lynch, T. 1991. Questioning roles in the classroom. *ELT Journal 45* (3): 201-210.

Maley, A. & T. Kiss. 2018. *Creativity and English Language Teaching: From Inspiration to Implementation.* London: Palgrave Macmillan.

McCormick, D. & R. Donato. 2000. Teacher questions as scaffolded assistance in an ESL classroom. In Hall, J. K. & L. S. Verplaetse (eds.). *Second and Foreign Language Learning Through Classroom Interaction.* New York, NY: Routledge. 183-201.

McCormick, S. 1992. Disabled readers' erroneous responses to inferential comprehension questions: Description and analysis. *Reading Research Quarterly 27* (1): 54-77.

McNamara, D. & J. Magliano. 2009. Toward a comprehensive model of comprehension. *The Psychology of Learning and Motivation 51*: 297-384.

Moen, C. B. 2004. *Literature Circle Role Sheets for Fiction and Non-Fiction Books.* Dayton, OH: Teaching & Learning Company.

Mullis, I. & M. Martin. 2018. PIRLS 2021 reading assessment framework. http://pirls2021.org/frameworks/home/reading-assessment-framework/overview/ (accessed 12/03/2022).

Murphy, P. K., J. A. Greene, C. M. Firetto, B. D. Hendrick, M. Li, C. Montalbano & L. Wei. 2018. Quality talk: Developing students' discourse to promote high-level comprehension. *American Educational Research Journal 55* (5): 1113-1160.

Nash, W. R. & E. P. Torrance. 1974. Creative reading and the questioning abilities of young children. *The Journal of Creative Behavior 8* (1): 15-19.

Nassaji, H. 2003. Higher-level and lower-level text processing skills in advanced ESL reading comprehension. *The Modern Language Journal 87* (2): 261-276.

Nation, P. 2013. *Learning Vocabulary in Another Language* (2nd Edition). Cambridge: Cambridge University Press.

NRC (National Research Council). 1998. *Preventing Reading Difficulties in Young Children.* Washington, DC: The National Academies Press.

Oakhill, J. & K. Cain. 2007. Issues of causality in children's reading comprehension. In D. S. McNamara (ed.). *Reading Comprehension Strategies: Theories, Interventions, and Technologies.* New York, NY: Psychology Press. 47-72.

Oakhill, J., J. Hartt & D. Samols. 2005. Levels of comprehension monitoring and working memory in good and poor comprehenders. *Reading and Writing 18* (7): 657-686.

Oakhill, J., K. Cain & C. Elbro. 2014. *Understanding and Teaching Reading Comprehension: A Handbook.* London: Routledge.

Oakhill, J., K. Cain & P. Bryant. 2003. The dissociation of word reading and text comprehension: Evidence from component skills. *Language and Cognitive Processes 18* (4): 443-468.

OECD. 2013. PISA 2015 draft frameworks. http://www.oecd.org/pisa/pisaproducts/ pisa2015draftframeworks.htm (accessed 12/03/2022).

OECD. 2019. PISA 2018 assessment and analytical framework. https://www.oecd. org/education/pisa-2018-assessment-and-analytical-framework-b25efab8-en.htm (accessed 12/03/2022).

Ogle, D. M. 1986. K-W-L: A teaching model that develops active reading of expository text. *The Reading Teacher 39* (6): 564-570.

Ornstein, A. C. 1990. *Strategies for Effective Teaching*. New York, NY: Harper & Row.

Padgett, R. 1997. *Creative Reading: What It Is, How to Do It, and Why*. Urbana, IL: National Council of Teachers of English.

Paul, R. & L. Elder. 2019. *The Miniature Guide to Critical Thinking: Concepts and Tools* (8th Edition). Dillon Beach, CA: The Foundation for Critical Thinking.

Paul, R., A. J. A. Binker & D. Martin. 1995. *Critical Thinking Handbook: 6th–9th Grades: A Guide for Remodelling Lesson Plans in Language Arts, Social Studies & Science*. Dillon Beach, CA: The Foundation for Critical Thinking.

Paul, R., A. J. A. Binker, D. Martin, C. Vetrano & H. Kreklau. 1989. *Critical Thinking Handbook: 6th–9th Grades: A Guide for Remodelling Lesson Plans in Language Arts, Social Studies & Science*. Rohnert Park, CA: The Center for Critical Thinking and Moral Critique.

Perfetti, C. A. 2000. Comprehending written language: A blueprint of the reader. In Brown, C. M. & P. Hagoort (eds.). *The Neurocognition of Language*. Oxford: Oxford University Press. 167-208.

Perfetti, C. A., N. Landi & J. Oakhill. 2005. The acquisition of reading comprehension skill. In Snowling, M. J. & C. Hulme (eds.). *The Science of Reading: A Handbook*. Malden, MA: Blackwell. 227-247.

Peterson, S. & M. Belizaire. 2006. Another look at roles in literature circles. *Middle School Journal 37* (4): 37-43.

Pirozzi, R. 2002. *Critical Reading, Critical Thinking: A Contemporary Issues Approach* (2nd Edition). New York, NY: Longman.

Porter-O'Donnell, C. 2004. Beyond the yellow highlighter: Teaching annotation skills to improve reading comprehension. *The English Journal 93* (5): 82-89.

RAND Reading Study Group & C. Snow. 2002. *Reading for Understanding: Toward an R & D Program in Reading Comprehension*. Santa Monica, CA: RAND Corporation.

Richards, J. C. & C. Lockhart. 1996. *Reflective Teaching in Second Language Classrooms*. Cambridge: Cambridge University Press.

Rothstein, D. & L. Santana. 2011. *Make Just One Change: Teach Students to Ask Their Own Questions*. Cambridge, MA: Harvard Education Press.

Rumelhart, D. E. 1977. Toward an interactive model of reading. In S. Dormic (ed.). *Attention and Performance VI*. Hillsdale, NJ: Erlbaum. 573-603.

Rupley, W. H., T. R. Blair & W. D. Nichols. 2009. Effective reading instruction for struggling readers: The role of direct/explicit teaching. *Reading & Writing Quarterly 25* (2-3): 125-138.

Saricoban, A. 2002. Reading strategies of successful readers through the three phase approach. *The Reading Matrix 2* (3): 1-16.

Shelton-Strong, S. J. 2012. Literature circles in ELT. *ELT Journal 66* (2): 214-223.

Shepard, L. A. 2000. *The Role of Classroom Assessment in Teaching and Learning*. (CSE Technical Report). Los Angeles, CA: University of California, National Center for Research on Evaluation, Standards, and Student Testing.

Smith, F. 1979. *Reading Without Nonsense*. New York, NY: Teachers College Press.

Soars, J. & L. Soars. 2014. *New Headway: Upper-Intermediate, Student's Book* (4th Edition). Oxford: Oxford University Press.

Soars, L. & J. Soars. 1998. *New Headway English Course: Upper-Intermediate, Student's Book*. Berlin: Cornelsen & Oxford: Oxford University Press.

Stanovich, K. E. 1980. Toward an interactive-compensatory model of individual differences in the development of reading fluency. *Reading Research Quarterly 16*: 32-71.

Stoller, F. 2004. Content-based instruction: Perspectives on curriculum planning.

Annual Review of Applied Linguistics 24: 261-283.

Swan, E. A. 2003. *Concept-Oriented Reading Instruction: Engaging Classrooms, Lifelong Learners.* New York, NY: The Guilford Press.

Thaler, E. & J. Rademacher (eds.). 2019. *Access 7.* Berlin: Cornelsen.

To-Dutka, J. 1989. *Argument analysis, critical thinking and reading comprehension. Institute for Critical Thinking Resource Publication Series 2 No. 4.* Upper Montclair, NJ: Montclair State College.

Toulmin, S. E. 2003. *The Uses of Argument* (Updated Edition). Cambridge: Cambridge University Press.

Tudor, I. 1989. Pre-reading: A categorization of formats. *System 17* (3): 323-338.

Ur, P. 1996. *A Course in Language Teaching: Practice and Theory.* Cambridge: Cambridge University Press.

Urquhart, S. & C. Weir. 1998. *Reading in a Second Language: Process, Product and Practice.* New York, NY: Longman.

Vacca, J. L., R. T. Vacca, M. K. Gove, L. C. Burkey, L. A. Lenhart & C. A. McKeon. 2008. *Reading and Learning to Read* (7th Edition). Boston, MA: Allyn & Bacon.

Vacca, J. L., R. T. Vacca, M. K. Gove, L. C. Burkey, L. A. Lenhart & C. A. McKeon. 2015. *Reading and Learning to Read* (9th Edition). Boston, MA: Pearson.

Valverde Caravaca, R. 2019. Effective questioning in CLIL classrooms: Empowering thinking. *ELT Journal 73* (4): 367-376.

van de Ven, I. 2019. Creative reading in the information age: Paradoxes of close and distant reading. *Journal of Creative Behavior 53* (2): 156-164.

van den Broek, P., R. F. Lorch, T. Linderholm & M. Gustafson. 2001. The effects of readers' goals on inference generation and memory for texts. *Memory & Cognition 29* (8): 1081-1087.

van Rijk, Y., L. de Mey, D. de Haan, B. van Oers & M. Volman. 2017. Reading for meaning: The effects of developmental education on motivation and achievement in reading informative texts in primary school. *Research Papers in Education 32* (3): 333-352.

Weaver, C. 2009. *Reading Process: Brief Edition of Reading Process and Practice (3rd Edition)*. Portsmouth, NH: Heinemann.

Weir, C. 1993. *Understanding and Developing Language Tests*. Hemel Hempstead: Prentice Hall.

Wilen, W. W. & A. A. Clegg. 1986. Effective questions and questioning: A research review. *Theory & Research in Social Education 14* (2): 153-161.

Williams, E. 1987. Classroom reading through activating content-based schemata. *Reading in a Foreign Language 4* (1): 1-7.

Wilson, K. 2016. Critical reading, critical thinking: Delicate scaffolding in English for Academic Purposes (EAP). *Thinking Skills and Creativity 22*: 256-265.

Wragg, E. C. & G. A. Brown. 2001. *Questioning in the Secondary School*. London: Routledge.

Yagolkovskiy, S. R. & A. V. Kharkhurin. 2016. The roles of rarity and organization of stimulus material in divergent thinking. *Thinking Skills and Creativity 22*: 14-21.

Zimmerman, C. B. 1997. Do reading and interactive vocabulary instruction make a difference? An empirical study. *TESOL Quarterly 31* (1): 121-140.

Zwaan, R. A. & M. Singer. 2003. Text comprehension. In Graesser, A. C., M. A. Gernsbacher & S. R. Goldman (eds.). *Handbook of Discourse Processes*. Mahwah, NJ: Lawrence Erlbaum Associates. 83-121.

安奕、任玉丹、韩奕帆、韦小满, 2019, PISA2021 创造性思维测评及启示,《中国考试》(11): 71-78。

陈则航, 2015, 批判性阅读与批判性思维培养,《中国外语教育》(2): 4-11。

陈则航, 2016,《英语阅读教学与研究》。北京: 外语教学与研究出版社。

陈则航、王蕾、钱小芳, 2019, 论英语学科核心素养中的思维品质及其发展途径,《课程·教材·教法》(1): 91-98。

陈则航、邹敏, 2016, 中学英语教师对批判性思维的理解和教学实施,《中小学外语教学(中学篇)》(7): 12-17。

程晓堂, 2014,《综合教程2》。上海: 上海外语教育出版社。

程晓堂, 2015, 英语学习对发展学生思维能力的作用,《课程·教材·教法》

（6）：73-79。

杜文博、马晓梅，2018，基于认知诊断评估的英语阅读诊断模型构建，《外语教学与研究》（1）：74-88。

葛炳芳、洪莉，2018，指向思维品质提升的英语阅读教学研究，《课程·教材·教法》（11）：110-115。

顾晓鸣，1987，阅读学：拓展阅读研究的广度和深度，《语文学习》（3）：40-42。

郭宝仙、章兼中，2017，英语学科中思维能力的培养，《课程·教材·教法》（2）：80-86。

郭亚玲、宋云峰（主编），2016，《大学思辨英语教程 精读3 社会与个人》。北京：外语教学与研究出版社。

何继红、张德禄，2016，语篇结构的类型、层次及分析模式研究，《外语与外语教学》（1）：74-80。

胡卫平、魏运华，2010，思维结构与课堂教学——聚焦思维结构的智力理论对课堂教学的指导，《课程·教材·教法》（6）：32-37。

胡壮麟，2001，语篇分析在教学中的应用，《外语教学》（1）：3-10。

黄国文（编著），1988，《语篇分析概要》。长沙：湖南教育出版社。

黄丽燕、王嘉樱，2020，基于Python和Coh-Metrix高考英语"一年两考"阅读文本复杂度分析，《外语测试与教学》（3）：1-11。

黄远振、兰春寿、黄睿，2013，英语文学体验阅读READ教学模式建构研究，《外语界》（1）：11-19。

黄远振、兰春寿、黄睿，2014，为思而教：英语教育价值取向及实施策略，《课程·教材·教法》（4）：63-69。

黄远振、兰春寿、薛常明，2009，中学英语文学阅读可行性和有效性研究——优秀学习者个案及其启示，《课程·教材·教法》（10）：55-59。

焦德宇、郑东辉，2017，学生课堂提问困境的新制度主义分析，《全球教育展望》（3）：67-74。

教育部高等学校大学外语教学指导委员会，2020，《大学英语教学指南（2020版）》。北京：高等教育出版社。

教育部高等学校教学指导委员会（编），2018，《普通高等学校本科专业类教学质量国家标准》。北京：高等教育出版社。

兰春寿，2015，基于思维过程的高中英语文学阅读思维型课堂教学架构，《课程·教材·教法》（12）：82-89。

兰春寿，2019，英语课堂教学目标设定与思维品质培养，《课程·教材·教法》（9）：107-113。

蓝纯（主编），2015，《大学思辨英语教程 精读 1 语言与文化》。北京：外语教学与研究出版社。

李金云、李胜利，2017，指向核心素养的美国阅读教学新趋向，《课程·教材·教法》（6）：119-125。

李晶、赵波，2013，英语语篇分析阅读教学的实证研究——以南昌理工学院为例，《教育学术月刊》（8）：103-107。

李桔元，2008，批评话语分析与批评性阅读，《四川外语学院学报》（2）：88-92。

李力，2011，基于图式理论的初中英语读前活动设计，《中小学外语教学（中学篇）》（3）：26-30。

李庆安、吴国宏，2006，聚焦思维结构的智力理论——林崇德的智力理论述评，《心理科学》（1）：216-220。

李瑞芳，2002，外语教学与学生创造性和批判性思维的培养，《外语教学》（5）：61-65。

李学谦，2005，大学英语阅读教学与语篇分析，《教育理论与实践》（24）：54-56。

林崇德，2002，智力结构与多元智力，《北京师范大学学报（人文社会科学版）》（1）：5-13。

林崇德，2005，培养思维品质是发展智能的突破口，《国家教育行政学院学报》（9）：21-26。

林崇德，2006，思维心理学研究的几点回顾，《北京师范大学学报（社会科学版）》（5）：35-42。

林崇德，2015，从智力到学科能力，《课程·教材·教法》（1）：9-20。

林崇德、胡卫平，2010，思维型课堂教学的理论与实践，《北京师范大学学报（社会科学版)》（1）：29-36。

刘道义，2018，谈英语学科素养——思维品质，《课程·教材·教法》（8）：80-85。

刘润清、韩宝成（编著），2000，《语言测试和它的方法》。北京：外语教学与研究出版社。

鲁子问、侯云洁、龚姚东、郭玮、施丽华，2015，促进思维品质发展的英语教学可能，《英语学习》（12）：20-24。

欧阳护华、熊涛，2013，基于批评话语分析的三维批判性阅读模式，《广东外语外贸大学学报》（1）：37-40。

全国大学英语四、六级考试委员会（编著），2016，《全国大学英语四、六级考试大纲（2016 年修订版)》，https://cet.neea.edu.cn/res/Home/1704/55b02330ac17274664f06d9d3db8249d.pdf（2022 年 3 月 12 日读取）。

孙有中、Jack C. Richards（总主编），2021，《新未来大学英语综合教程 2》。北京：外语教学与研究出版社。

王初明，2012，读后续写——提高外语学习效率的一种有效方法，《外语界》（5）：2-7。

王初明，2021，语言习得过程：创造性构建抑或创造性模仿？，《现代外语》（5）：585-591。

王笃勤（编著），2012，《英语阅读教学》。北京：外语教学与研究出版社。

王牧群、白彬，2011，培养批判性思维能力的解构式英语阅读教学研究，《教育科学》（2）：30-34。

王蔷（主编），2006，《英语教学法教程（第二版)》。北京：高等教育出版社。

王蔷，2016，中小学生阅读素养内涵及其培养——全国首届中小学英语阅读教学学术研讨会发言（节选），《英语学习》（1）：29-31。

王蔷，2017，核心素养背景下英语阅读教学：问题、原则、目标与路径，《英语学习》（2）：19-23。

王蔷、敖娜仁图雅，2015，中小学生外语阅读素养的构成及教学启示，《中国外语教育》（1）：16-24。

王蔷、陈则航，2019，核心素养背景下英语学科能力的测量评价与教学改进，《中国考试》(3)：13。

王蔷、胡亚琳，2017，英语学科能力及其表现研究，《教育学报》(2)：61-70。

王晓诚，2019，PISA2018 阅读素养评估的特征解读，《首都师范大学学报（社会科学版)》(3)：171-179。

魏林，2000，大学英语阅读测试设计之我见，《福州大学学报（哲学社会科学版)》(2)：111-112。

文秋芳、王建卿、赵彩然、刘艳萍、王海妹，2009，构建我国外语类大学生思辨能力量具的理论框架，《外语界》(1)：37-43。

吴岩，2019，新使命 大格局 新文科 大外语，《外语教育研究前沿》(2)：3-7。

熊川武，2002，论反思性教学，《教育研究》(7)：12-17。

余渭深（主编），2014，《新大学英语综合教程·鼎新篇》。北京：高等教育出版社。

俞向军、宋乃庆、王雁玲，2017，PISA2018 阅读素养测试内容变化与对我国语文阅读教学的借鉴，《比较教育研究》(5)：3-10。

袁辉，2017，"思维品质"核心素养引领的英语教学活动设计，《教育理论与实践》(29)：47-49。

原露、陈启山、徐悦，2015，国外阅读策略的教学模式及其启示，《全球教育展望》(7)：120-128。

曾用强，2017，中国英语能力等级量表的"阅读量表"制定原则和方法，《外语界》(5)：2-11。

张明、李礼、汤利平，2017，基于思维品质培养的英语阅读教学活动设计，《湖北师范大学学报（哲学社会科学版)》(5)：132-135。

张秋会、王蔷，2016，浅析文本解读的五个角度，《中小学外语教学（中学篇)》(11)：11-16。

张秋会、王蔷、蒋京丽，2019，在初中英语阅读教学中落实英语学习活动观的实践，《中小学外语教学（中学篇)》(1)：1-7。

郑树棠（总主编），2015，《新视野大学英语（第三版）读写教程 1》。北京：外语教学与研究出版社。

郅庭瑾、程宏，2010，国外中小学思维教学研究：争议与启示，《教育研究》
　　（12）：98-102。

中华人民共和国教育部，2018，《普通高中英语课程标准（2017 年版)》。北京：
　　人民教育出版社。

中华人民共和国教育部、国家语言文字工作委员会，2018，《中国英语能力等
　　级量表》，http://www.moe.gov.cn/srcsite/A19/s229/201804/t20180416_333315.
　　html（2022 年 3 月 12 日读取）。

钟莹倩、张智义，2018，语篇分析与国内英语阅读教学研究综述，《英语教师》
　　（3）：149-153。

周艳琼，2017，大学生英语阅读理解策略调查研究，《解放军外国语学院学报》
　　（3）：86-94。

朱作仁，1983，阅读·心理（Psychology of Reading）——《中国大百科
　　全书·教育》卷条目，《山西教育科研通讯》（3）：37-40。